Wohnhäuser in den Alpen

Thomas Drexel

Wohnhäuser in den Alpen

Neubauten ››› Restaurierungen ››› Umnutzungen

Deutsche Verlags-Anstalt
München

>>> Inhalt

>>> Einführung

Wohnen in den Alpen

Nur wenige Regionen Mitteleuropas vereinigen derart traumhafte Landschaften mit überragender Architektur wie die Alpen. Wer das Glück hat, in den Alpen zu wohnen und sich dort ein Einfamilienhaus errichten oder einen Altbau umbauen lässt, wird stets vor die Aufgabe gestellt, die neue Architektur mit der gewachsenen dörflichen Umgebung beziehungsweise der Natur zu verbinden. Entscheidend für die Qualität des Wohnerlebnisses ist dabei die Wahl eines sehr guten Architekten, der es versteht, zeitgemäße Bauformen vor dem Hintergrund naturräumlicher Vorgaben und traditioneller Einflüsse zu entwickeln und daraus doch etwas völlig Heutiges und Eigenständiges abzuleiten.

DIE ALPEN ALS DORADO DER ARCHITEKTUR

Insbesondere in Teilen Österreichs und der Schweiz glaubt der an Baukultur Interessierte, durch ein Paradies zu streifen. Dies gilt zumal für das österreichische Bundesland Vorarlberg, das in diesem Buch mit einigen herausragenden Beispielen von Einfamilienhäusern von Dietrich | Untertrifaller Architekten und Daniel Sauter sowie einem kleineren, aber feinen Ferienhaus von Bernardo Bader vertreten ist. Peter Calonder und Ivano Iseppi zeigen ihrerseits, mit welch hoher Qualität neues Bauen und Umbauen im schweizerischen Kanton Graubünden erfolgt. Noichl und Blüml sind mit einem Beispiel ihres erstmals verwirklichten Allgäu-Hauses und einem außergewöhnlichen Bauernhofumbau bei Oberstdorf vertreten. Neues Bauen und Sanieren im Tessin führen Hannspeter Oechsli und Christoph Zürcher vor. Imhof Architekten pendeln mit ihren Projekten gekonnt zwischen See und Bergen.
Bei allem Verdienst der Planer konnten diese Alpen-Häuser nur dank Bauherren entstehen, die den Mut zu eindeutiger und unverfälschter Wohnarchitektur hatten. Die Häuser danken es ihnen durch ihren immensen Wohnwert, der das Erleben des Hauses mit dem der Landschaft in Einklang bringt.

EINE REISE IN SACHEN WOHNARCHITEKTUR

Die in diesem Buch vorgestellten, in den letzten Jahren errichteten Einfamilienhäuser befinden sich in den unterschiedlichsten Regionen – vom Bregenzerwald über Graubünden bis ins Tessin, vom Allgäu bis an den Vierwaldstätter See –, haben aber ihr anspruchsvolles Architekturkonzept gemein. Bei allen Unterschieden in Größe, Fassadengestalt, Materialwahl und Raumkonzept repräsentieren alle Bauten den Stand der Dinge in zeitgenössischer Alpen-Architektur und setzen Maßstäbe auch in der Umgestaltung und Umnutzung bestehender Gebäude. Alle vorgestellten Häuser zeichnen sich zudem durch ihren direkten Bezug zur Landschaft aus.

ALTES BEWAHREN UND ANPASSEN

Neben Neubauten werden auch eine Reihe von renovierten, im besten Sinne »revitalisierten« Gebäuden vorgestellt, die ihre besondere Wohnlichkeit gerade aus der gelungenen Mischung von Bewahren und Erneuern beziehen. An die Stelle von Almhüttenkitsch stellen diese Beispiele die ehrliche Bodenständigkeit, die sich gerade aus der ungelackten und authentischen Atmosphäre der historischen Wohn- und Wirtschaftsgebäude, ihrer Fassaden, Details und dem Zauber ihrer Innenräume ergibt. Denn die Aufgabe sollte eben gerade nicht lauten, die historische Hülle »auszuweiden« und komplett mit neuem Inhalt zu füllen, sondern die zu bewahrenden Partien in fruchtbare und spannende Verbindung zu Neuem zu

Rechte Seite: Ein Alpen-Einfamilienhaus der Architekten Dietrich | Untertrifaller, das Maßstäbe für die Baukultur setzt (siehe dazu auch Seite 64–71).

setzen. Beispiele aus dem Salzburger Land, dem Montafon, Graubünden, Obwalden und dem bayerischen Allgäu machen Träume von Wohn- und Ferienhäusern wahr, die – oft im Zusammenwirken von Planern, Eigentümern und Denkmalstellen – ebenso vorsichtig wie gekonnt den heutigen Wohnansprüchen angepasst wurden. Äußere Insignien regionaler Kultur wie Bildstöcke und Marterl verdienen es ebenfalls, erhalten zu werden und tragen zum Charme des Bauensembles bei.
Bei Altbauten können für Sanierungs- und Umbaumaßnahmen zu Wohnzwecken teilweise Fördermöglichkeiten nutzbar gemacht werden – insbesondere dann, wenn die betreffenden Gebäude hohe denkmalpflegerische Wertigkeit besitzen. Auch im Rahmen der Dorferneuerung beziehungsweise Dorfentwicklung stehen unter bestimmten Voraussetzungen Finanzmittel für private Renovierungsvorhaben zur Verfügung.

KLARHEIT UND WOHNLICHKEIT

Der Leser dieses Buchs wird bei der Betrachtung der vertretenen Häuser sicherlich nachvollziehen können, dass eine gewisse Sachlichkeit und Klarheit der äußeren Form und auch der inneren Struktur dem alpinen Charakter keinen Abbruch tun, sondern die Verbindung zur Landschaft vielmehr besonders gut erleben lässt. Ein zeitgemäßes Alpen-Interieur kommt ohne massiv wirkende Einbauten und Möbel aus und lässt gerade dadurch Raum zum Atmen und zum Entspannen. Interieurs mit deutlichen Anklängen an die 1960er und 1970er Jahre – wie im Beispiel auf den Seiten 64–71 – sind hier ebenso erlaubt wie traditionell bäuerliches Mobiliar mit seiner per se rauen und echten Ausstrahlung und natürlich der spannende Stilmix aus Antik, klassischer Moderne und aktuellem Design.
In älteren Bauernhäusern Teil der Ausstattung sind in aller Regel holzbefeuerte Öfen. Gleich, ob es sich um Grundöfen, Kachelöfen, schamottierte Kochherde, offene Kamine oder Kaminöfen handelt, tragen Feuerstellen im Altbau wie im Neubau wesentlich zur Aufwertung der Wohnatmosphäre bei. Bei offenen Kaminen oder Kaminöfen mit Sichtfenster ist das Feuer visuell erlebbar, die meiste und angenehmste Wärme geben Grund- beziehungsweise Kachelöfen ab. Sind sie erst einmal aufgeheizt, hält die Wärme auch bis lange nach dem letzten Einschüren an. Offene Kamine sorgen praktisch ausschließlich für angenehme Stimmung, als Heizquelle sind sie wenig effektiv.

SONNE IM HERZEN UND IM HAUS

Lichte Innenräume entstehen durch großzügige, durchdacht platzierte Glasflächen, die reichlich Sonne – und über die passive Nutzung der Sonnenenergie – auch viel wohltuende Wärme ins Haus holen. Gerade in den Alpen finden sich zahlreiche Wohnlagen mit höchst attraktivem Ausblick auf Berge, Wiesen und Seen, den hoch transparente Fassaden erst angemessen erleben lassen. In diesem Punkt sind aktuelle Einfamilienhäuser völlig anders »gestrickt« als historische Gebäude, denn die heutigen technischen Möglichkeiten mit effizienter Wärmeschutzverglasung erlauben die Umsetzung großer Fensterfor-

Linke Seite beide: Ein ehemaliger Bauernhof und ein modernes Einfamilienhaus im Bregenzerwald führen zwei sehr unterschiedliche und doch gleichermaßen niveauvolle Varianten des Wohnens in den Alpen vor. In beiden Fällen sind die Klarheit der formalen Gestaltung, der Rückgriff auf regionaltypische Baustoffe und die Einbindung in die Landschaft hervorzuheben.

Rechts: Besiedlung und Baulandausweisungen haben im Alpenraum – hier im Montafon – besondere Rücksicht auf das natürliche Umfeld zu nehmen.

mate ohne Wärmeverluste. Früher lag das Augenmerk in erster Linie darauf, mit möglichst wenigen und kleinen Öffnungen auszukommen, um die Wärmeverluste gering zu halten. Zudem bestanden in der Vergangenheit nicht die technologischen Möglichkeiten zur Herstellung großer Glasflächen.

Eine häufig vorhandene Problematik bei der passiven Nutzung der Sonnenenergie in den Alpen ist die – insbesondere im Winter – kurze Sonnenscheindauer. Gerade in engen Tallagen kann es vorkommen, dass die Sonne das Haus erst um die Mittagszeit erreicht und wenige Stunden später bereits wieder hinter Bergkämmen verschwindet. Daher muss hier noch stärker als andernorts auf die energetisch sinnvolle Ausrichtung des Baukörpers und Anordnung der Glasflächen geachtet werden. Ein Vorteil höherer Lagen, die in den Alpen natürlich besonders zahlreich sind, liegt hingegen in der hohen Zahl an Sonnentagen und die dadurch hohe »Energieausbeute« im Haus. Das gilt nicht nur für die passive Nutzung der Sonnenenergie, sondern auch für die Energie- und Wärmegewinnung mittels Kollektoren und Fotovoltaikanlagen. Erstere können heute nicht nur zur Warmwasserbereitung, sondern – angepassten Dämm- und Baustandard vorausgesetzt, etwa zusammen mit einem Holzofen – durchaus auch als vollwertige Heizquelle eingesetzt werden. Das Beispiel des Familienhauses auf den Seiten 124–131 zeigt, wie es gehen kann. Um den größtmöglichen Wirkungsgrad zu erreichen und Leistungseinschränkungen durch Schnee zu vermeiden, werden Kollektoren und Fotovoltaikelemente am besten an den Fassaden montiert.

DER NATUR ANGEPASST

So unvergleichlich und vielgestaltig sich die Landschaften der Alpen darstellen, haben sie doch ihre fast durchwegs langen und harten Winter gemeinsam. Meist geht die kalte Jahreszeit auch mit großen Schneemengen einher. Paradiesisch für Freizeit und Wintersport, ist das Leben in den Alpen damit reich an Lebensqualität. Bei allen Vorzügen der Lage erfordert das Bauen in den Alpen aber auch besondere planerische Maßnahmen, um das Gebäude bestmöglich an die Klima- und Umweltbedingungen anzupassen. Dabei hilft der Blick auf Kennzeichen traditioneller Architektur schon ein großes Stück weiter: So bot und bietet das im Alpenraum weit verbreitete flach geneigte Satteldach den großen Vorteil, dass der Schnee darauf liegen bleibt und eine zusätzliche Dämmschicht bildet. Nicht selten sind bei traditionellen Bauten der Alpen auch große Dachüberstände von teils einem Meter und mehr anzutreffen, die ursprünglich dem Witterungsschutz dienten. Im Unterschied zu manch missglücktem jüngeren Beispiel fügten sich diese Dachüberstände aber nahtlos in die geschlossene Gesamterscheinung der Architektur ein. Während historische Gebäude überwiegend mit Holzschindeln, teils auch Natursteinplatten gedeckt waren, kommen bei Neubauten zumeist Materialien wie Ziegel, Edelstahl- oder Kupferbleche zum Einsatz.

Je nach Region dominierten als Baumaterial Naturstein, teils auch Backstein oder Holzbauweise – entweder massiv aus Holzbohlen oder als ausgefachter Strickbau ausgeführt. Mischbauweise kommt etwa in Gestalt von Häusern

mit aus Naturstein gemauertem Erdgeschoss und Obergeschossen in Holzbauweise vor.

NEU BAUEN IN SENSIBLER UMGEBUNG

Während ein Gewerbegebiet im Rheintal in der Regel ein etwas freieres Herangehen an die architektonische Aufgabe erlaubt, erfordert ein Haus mit direktem Bezug zur Natur ein Konzept, das zumeist mit dem Begriff »landschaftsgebundenes Bauen« beschrieben wird. Dies besagt nichts anderes, als dass von Anfang an – also schon bei der Erarbeitung des Entwurfs, sei es für Neubau, Umbau oder Erweiterung – auf Stimmigkeit mit dem natürlichen Umfeld zu achten ist. Jede gute Architektur nimmt direkten Bezug auf die Umgebung, gegebenenfalls auch auf Nachbarbebauung. Einflüsse regionaler Bautraditionen zu kennen, aufzunehmen und in angemessener Form ohne platte Anbiederung auf das neue Bauwerk zu übertragen, ist hierbei die große Kunst. Landschaftsgebundenes Bauen heißt in diesem Kontext auch, sich der hergebrachten, regional verfügbaren Materialien zu bedienen, anstatt sie aus fernen Ländern und Kontinenten mit hohem Aufwand herbeizuschaffen.
Der bewusste Rekurs auf positive Traditionen bedeutet nun eben keineswegs rückwärtsgewandte Architektur und meint eben nicht einen »Tiroler Jodelstil«, der mit großem Gestus Fehlinterpretationen alpenländischer Baukultur transportiert. Wie es richtig gemacht wird, zeigen die in diesem Buch vorgestellten Beispiele neuer Einfamilienhäuser und einiger Ferienhäuser.

PLANUNG UND GENEHMIGUNG

Im Normalfall wird es um den Bau von Einfamilienhäusern oder die Umnutzung bestehender Gebäude zur dauerhaften Nutzung gehen, seltener um Feriendomizile. Grundsätzlich ist der Grundstückserwerb für Bürger der EU in einem anderen Mitgliedsstaat im Grunde möglich, dessen ungeachtet aber teils mit Beschränkungen und Prüfungsverfahren durch die zuständige Grundverkehrsbehörde verbunden. Für EU-Bürger in der Schweiz und umgekehrt ist die Wohnsitznahme an eine Reihe von teils eng gefassten Bedingungen gebunden.

Beim Erwerb bebauter oder unbebauter Grundstücke kommt es zunächst darauf an, wie diese gewidmet sind. In Deutschland wird hier zwischen ausgewiesenem Bauland und Bauerwartungsland unterschieden; Letzteres kann, muss aber nicht als Bauland ausgewiesen werden. Auch die Teilung oder Zusammenlegung von Grundstücken bedarf zumeist einer Genehmigung. Bei der Teilung von Grundstücken in Österreich hat – wie etwa im Fall Tirols – häufig ein beeideter Ziviltechniker mitzuwirken, da Bauland als besonders kostbares Gut verstanden wird.
Besteht die Möglichkeit eines rechtlich verbindlichen Vorbescheids, befindet sich die Bauherrschaft auf der sicheren Seite. Bei naturnah gelegenen Parzellen, die gerade im Alpenraum sehr hohe Attraktivität besitzen, bestehen besonders hohe Hürden für die Bebauung. Oft ist die Bebaubarkeit an die Existenz von Bestandgebäuden gebunden. Im deutschen Fall legt § 35 BauGB fest, dass der Au-

Linke Seite beide: Die ganze Bandbreite des Bauens im Bestand: Während im linken Beispiel eine Scheune unter weitgehendem Erhalt der Substanz zum Einfamilienhaus wurde, handelt es sich beim Gebäude rechts um eine Erweiterung mit Teilneubau (siehe dazu die Seiten 14–19 und 88–93).

Rechts beide: Der Bezug zu Natur und Landschaft ist in den Alpen besonders wirkungsmächtig. Das obere Bild mit früherem Bauernhaus inmitten von Obstwiesen macht den materiellen Bezug zwischen der Natursteinwand des Gebäudes und der Gebirgskette deutlich. Unten bildet sich die Bündner Bergwelt in einer beim Umbau neu geschaffenen Glasfront ab (siehe die Seiten 72–79 und 94–99).

ßenbereich von Siedlungen grundsätzlich von Bebauung freizuhalten ist. Auch in der Schweiz wird hinsichtlich des Baurechts zwischen Bauzone und Landwirtschaftszone unterschieden. Ebenso bestehen in Österreich im so genannten Freiland strenge Beschränkungen für Baumaßnahmen. Weiteres regeln Landesbauordnungen und Raumordnungspläne. Naturnahe Parzellen in ausgewiesenen Baugebieten gelten als Teil des Siedlungsbereichs und verbinden damit eine attraktive Lage mit gesicherter Bebaubarkeit.
Einige Baugesetze beziehungsweise Bauordnungen sehen zudem Einschränkungen der Bebaubarkeit bei Grundstücken vor, die durch Lawinen, Hochwasser, Wildbäche, Steinschlag, Erdrutsch und andere Naturgefahren gefährdet sein können. Eine vorhandene Erschließung stellt in der Regel die Voraussetzung für die Bebaubarkeit dar. In einigen österreichischen Bundesländern unterliegt nicht nur die Bebauung, sondern auch der Erwerb von Grundstücken einer Bewilligung. Vor dem Kauf und vor dem Baubeginn gilt es also, sich eingehend über die bestehenden Risiken und Bebauungsbeschränkungen zu informieren.
In Deutschland ist die Bearbeitung der Baugenehmigungen Sache der kommunalen, bei kleineren Gemeinden auch regionalen Baubehörden (meist Landkreise). Als Richtschnur der Entscheidungen dienen die Baugesetze des Bundes und die Landesbauordnungen. Im Fall der Schweiz und Österreichs gelten die Bundesgesetze bei allerdings weit reichenden Gestaltungsbefugnissen der Kantone und Bundesländer, die wie im deutschen

Links alle: Der Ausblick auf die Gebirgslandschaft (hier die Schamserberge) und deren erlebbare Nähe machen ebenso den Reiz des Wohnens in den Alpen aus wie im besten Sinn wohnliches Interieur ohne »Kitschfaktor« (siehe Seite 100–107).

Rechte Seite: Auch bei Neubauten, die mit Glasflächen einen direkten Bezug zum Umfeld schaffen, profitieren die Innenräume vom Einsatz regional hergebrachter Materialien – hier Granit als Wandbaustoff.

Fall eigene Bauordnungen und Baugesetze erlassen. Die Entscheide über Baubewilligungen werden hier auf kommunaler Ebene unter Mitwirkung der Träger öffentlicher Belange (z. B. Naturschutzbehörden, Denkmalpflege) getroffen. Neben der Genehmigung können die Gemeinden auch in bestimmtem Umfang eigene Bauvorschriften erlassen (z. B. Flächennutzungspläne/Flächenwidmungspläne, Bebauungspläne, Bebauungssatzungen).
Ob eine Baugenehmigung beziehungsweise eine Baubewilligung notwendig ist, ist bei der zuständigen Baubehörde in Erfahrung zu bringen. Für kleinere Maßnahmen von untergeordneter Bedeutung, die zumeist in den Landesbauordnungen oder Gesetzen definiert sind, genügt teils auch eine schriftliche Anzeige. Auch hier muss aber mit der Behörde abgeklärt werden, ob und wann tatsächlich mit den Baumaßnahmen begonnen werden darf. Eine behördliche Abnahme oder Beschau nach Abschluss der Maßnahme findet bei kleineren Wohngebäuden nicht mehr durchgängig statt.

››› Großartig bescheiden

Eine erneuernde Erweiterung in Vorarlberg

Eine zeitgemäße Variante der Idylle könnte man das von Bernardo Bader geplante Haus in einer unberührten Vorarlberger Naturlandschaft nennen. Als Erweiterung eines Baus aus den 1970er Jahren zeigt sich das Ferienhaus nach den Baumaßnahmen in völlig neuem Gesicht, ohne seine Bodenständigkeit zu verleugnen. Auf einem weitläufigen, naturnahen Grundstück gelegen, wird das Haus gleichsam von zwei historischen Gebäuden, einem frisch restaurierten Bauernhof und der zugehörigen Kapelle, »gerahmt«.

EINFACHHEIT ALS LEITKONZEPT

Seit dem Erwerb der Parzelle teilen sich die befreundeten Familien Rubner und Lässer-Blattmann das Ferienhaus. Da die Platz- und Komfortansprüche mit der Zeit gewachsen sind, sollte nun der vorhandene Wohnraum erweitert werden und damit auch den Ansprüchen an einen Hauptwohnsitz genügen. Der aus dem Ort stammende Architekt Bernardo Bader verband die Kenntnis herkömmlicher Bauformen mit der anspruchsvollen und zeitgemäßen Architektursprache. Es bestand Einigkeit mit den Bauherren, dass das Haus nicht mit großer Geste auf sich aufmerksam machen, sondern sich als unauffälliger Bestandteil der gewachsenen Natur- und Kulturlandschaft begreifen sollte. Der nordwestlich vorgelagerte Kräuter- und Blumengarten zitiert auf unprätentiöse Weise Sinn und Form des traditionellen Bauerngartens.

EINS MIT DER UMGEBUNG

Schon die äußere Materialität des Gebäudes mit der Fassade aus Lärche stellt die unmittelbare Überleitung zwischen umgebendem Grün und Gebäude her. Auf abgrenzende Einfriedungen wurde ebenso bewusst verzichtet wie auf eine Pflasterung oder gar Versiegelung des Zufahrtswegs, der dadurch nun vollständig in der Landschaft »verschwindet«. Das kupfergedeckte Satteldach passt sich mit seiner flachen Neigung und seiner Farbe den sanften Lini-

Links: Das Haus benimmt sich als vornehmer »Gast« in einer bäuerlich geprägten Landschaft, ohne sich und seine städtische Kultur zu verleugnen.

Rechte Seite: Im Kern Erneuerung und Erweiterung eines bestehenden Ferienhauses bildet das Haus mit der Kapelle ein kleines Ensemble in der Landschaft.

en der Landschaftsmorphologie und den Farben des Holzes an. Die Patina des Dachs wie auch der Fassade stellen sich mit der Zeit auf natürliche Weise ein. Die Abtragung einer künstlichen Aufschüttung ermöglichte es zudem noch besser, das Haus als integralen Bestandteil der Natur zu entwerfen. Die insbesondere im Süden und Westen großflächige und weit zu öffnende Verglasung lässt Innen und Außen eins werden. In Nordwestrichtung bietet sich ein ungehinderter Durchblick durchs Gebäude.

DIE MODERNE LOGGIA

Die unter dem Dach entstandene, mit dem leicht über Geländeniveau liegenden Erdgeschoss barrierefrei verbundene Veranda umfasst das südwestliche Eck wie ein Winkel. Runde, bewusst mit geringen Querschnitten ausgeführte Stützen aus Stahl lassen das Dach auf der West- und Ostseite fast schwebend erscheinen. Hier sitzen die Bewohner gerne an warmen Abenden und lassen im wahrsten Sinne die Beine und auch die Gedanken baumeln. Wird es kühler, wandert man nach drinnen, ohne dass sich dadurch die Wahrnehmung der Umgebung wirklich verändern würde. Wer hier wohnt, hat allzeit panoramische Landschaftsbilder von schönster Einfachheit vor Augen.

BEEINDRUCKENDES INNENRAUMERLEBNIS TROTZ BESCHRÄNKTER FLÄCHE

Im nördlichen Abschnitt des Gebäudes - der gleichzeitig als Eingangs- und Erschließungszone fungiert - mit Bad, Toilette, Lagermöglichkeit und angegliedertem Schlafzimmer blieb der alte Grundriss praktisch unverändert. Dagegen entstand nach Süden beziehungsweise Südwesten ein zusammenhängender Wohn-, Ess- und Kochbereich, das eigentlich wesentliche Element der Innenarchitektur. Die Küchenzeile wird bei Tag durch ein verglastes, streifenartiges Shed-Dach mit natürlichem, weichem Licht illuminiert. Abends lassen sich beim Kochen Mond und Sterne betrachten. Von außen zeigt sich dann das Gebäude selbst als wunderbare Lichterscheinung.

Rechte Seite oben: In seiner archaischen Schlichtheit stellt das Gebäude Bezüge zum Bregenzerwälder Bauernhaus her, ohne zu kopieren. Sogar der Schopf ist als transformierter Übergang von innen nach außen vorhanden.

Rechte Seite unten: Die großzügigen Terrassen und Vorbereiche schaffen Geborgenheit – ungeachtet der großflächigen Verglasung des Wohnbereichs.

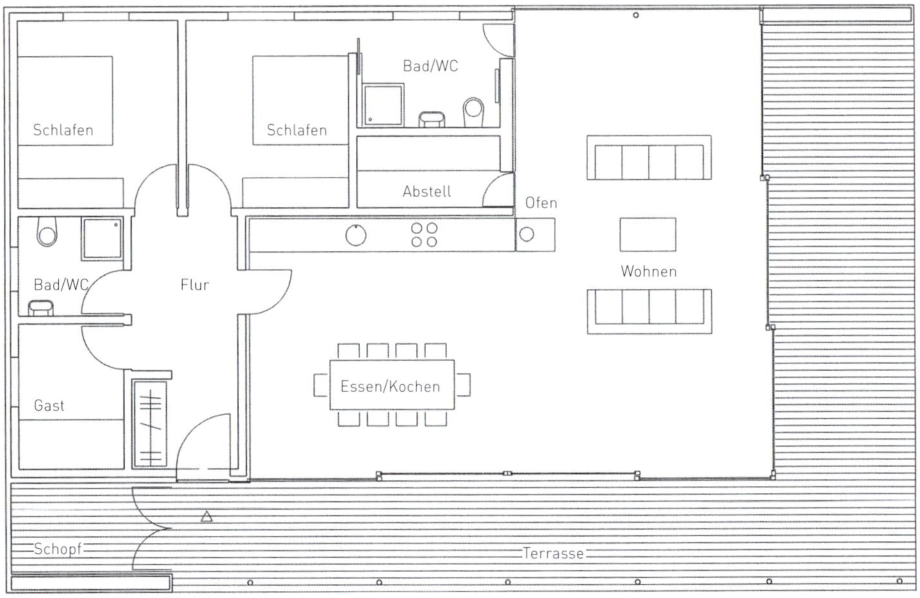

Erdgeschoss

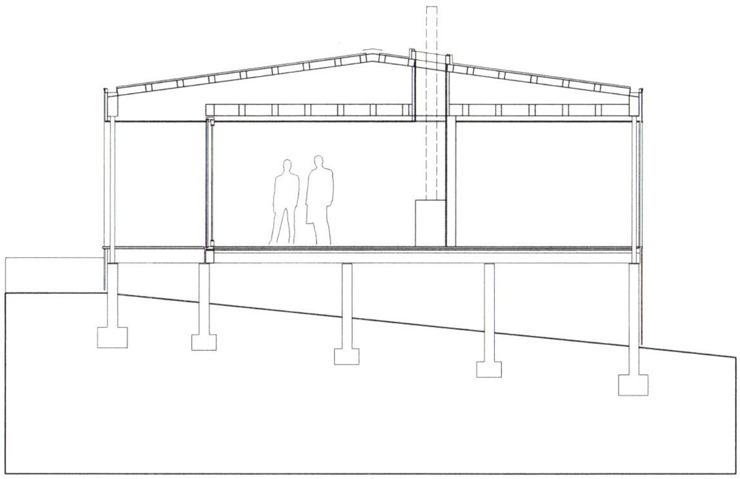

Schnitt

>>> **Baudaten**

Bauzeitraum: 2004 (6 Monate)
Grundstücksfläche: ca. 2.000 m²
Wohnfläche: ca. 100 m²
Baukosten gesamt. ca. 150.000 Euro

>>> **Adresse des Architekten**

Bernardo Bader
Steinebach 11
6850 Dornbirn
Österreich
Telefon 0043-(0)5572-207896
E-mail: mail@bernardobader.com
www.bernardobader.com

Der romantischen Enge im Bestand steht das moderne Raumgefühl und die elegante Lichtführung im Wohnraum gegenüber.

Rechts: Die Küchenzeile wird durch Lichtsheds in der Decke beleuchtet.

Linke Seite: Der Ausblick vom Wohnbereich in die Landschaft.

››› Rote Villa vor See und Bergen

Wohnen in freier Landschaft

Ein Haus in den Alpen ruft in der Idealvorstellung den Wunsch nach einer naturnahen Lage inmitten von Bergwiesen sowie dem Blick auf Berge und Seen wach. An einem zum Vierwaldstätter See abfallenden Hang planten Imhof Architekten nun ein Wohnhaus, das diesem Traumbild ausgesprochen nahe kommt. Ergänzend errichtete man eine neue Remise.

LANDSCHAFTS-ARCHITEKTUR

Als Teil eines kleinen Weilers in Einzellage situiert, entstand ein in Form und Gundrissgliederung zeitgemäßer Neubau, der sich einer komplett anderen Formensprache bedient als die anderen Häuser der Siedlung und sich dennoch perfekt in die Landschaft einfügt. Als Ersatz für ein bestehendes, aus jüngerer Zeit stammendes Gebäude gedacht, wurde das neue Wohnhaus auf einem besser an die historische Siedlungsstruktur angepassten Standort errichtet. Insbesondere war auf einen unterhalb gelegenen, ortsbildprägenden Walmdachbau mit hoher denkmalpflegerischer Wertigkeit Rücksicht zu nehmen. Und vor allen Dingen stellte sich auch die Aufgabe, den architektonisch zeitgemäßen Bau bestmöglich in die Landschaft einzubetten. Der letztlich auch von den Baubehörden mitgetragene Entwurf der Architekten berücksichtigte all diese Aspekte durch die Situierung, die Gestaltung des Baukorpus und die innere Gliederung.

Die Entscheidung für die Split-Level-Bauweise erlaubte es, eine möglichst geringe Gebäudehöhe und damit ein angesichts der stattlichen Wohnfläche geringes Volumen zu realisieren. Dem Hangverlauf folgend liegt im Erdgeschoss der seeseitige Essbereich deutlich tiefer als der hangseitige Wohnbereich – man könnte also sagen, das Haus »duckt sich« in die Wiesen. Das Dach folgt der baulichen Staffelung, indem es auf der nördlichen Gebäudehälfte von Westen nach Osten ansteigt und damit die Split-Level-Bauweise nach außen »durchscheinen« lässt. Im Gebäudeschwerpunkt gemessen, beträgt die Gebäudehöhe gerade sieben Meter und bleibt damit deutlich unterhalb der Firsthöhe des Altbaus.

FARBE UND HARMONIE

Auch die Gestaltung der Fassaden nimmt direkten Bezug auf das Umfeld: Die Anstriche des zweischaligen, mineralisch verputzten Mauerwerks sind in einem dreifach

Links: Ausblick vom Westzimmer in die Streuobstwiese.

Rechte Seite: Stimmungsvolle Beziehung: Der Neubau vor dem benachbarten Altbau, Vierwaldstätter See und Bergen.

Linke Seite oben: Der Wohnbereich mit Lichteinfall von Westen und Treppenaufgang.

Linke Seite unten: Ausblick vom Wohnbereich in die Landschaft.

Rechts: Beim Treppenhaus mit Luftraum im ersten Obergeschoss zeigt sich das gekonnte Spiel von Farben und Volumina.

lasierend aufgetragenen Rotton (»Terra Rossa«) gehalten, der die Farbigkeit der Holzkonstruktion am südlich gelegenen Altbau wieder aufgreift. Gleichzeitig behält das alte Haus aufgrund seiner weißen Grundfarbe seine gestalterische Dominanz, der Neubau schiebt sich nicht künstlich in den Vordergrund. Der lasierende, »wolkige« Farbauftrag konterkariert bewusst die Geradlinigkeit der Kubatur. Gemeinsam mit den grünen Wiesen konstituiert das Haus zudem einen wunderschönen Komplementärkontrast, der die Harmonie von Architektur und Natur noch verstärkt. Nicht unerwähnt bleiben sollte, dass aufgrund der gewählten Split-Level-Bauweise die Erdbewegungen und damit die Geländeeingriffe auf ein Mindestmaß beschränkt werden konnten.

WÄRME, LICHT UND UNVERGLEICHLICHE AUSSICHT

Nicht nur die Forderungen guter zeitgemäßer Architektur, sondern auch die Lage inmitten grüner Wiesen, vor Alpen- und Seepanorama machten große Fensterflächen zu einem notwendigen Bestandteil des Konzepts. Vornehmlich nach Süden und Westen, aber auch nach Osten öffnet sich das Gebäude der Umgebung und dem Licht. Die Sonnenstrahlen wärmen gleichzeitig die Innenräume auf. Aus energetischen Gründen beschränkt sich die Befensterung auf der Nordseite auf die notwendigen Öffnungen.
Beim Lesen, beim Essen und beim Kochen ist die Alpenlandschaft immer im Blickfeld, die Bewohner leben damit – wohin sie auch gehen – im wahrsten Sinne mitten in der Bergwelt.
Während das Erdgeschoss zwar auf unterschiedlichen Niveaus, aber als ein Raumzusammenhang organisiert ist, gehört das Obergeschoss den insgesamt vier Schlaf- und Kinderräumen.

Im wahrsten Sinne von der Topografie, der Einbindung in die Landschaft und vom Ortsbild her gedacht, schafft das Wohnhaus das in diesem Umfeld fast Unmögliche mit Bravour – die perfekte Harmonie eines großzügigen modernen Einfamilienhauses mit einer naturnahen Alpenlandschaft. Dabei schließt sich das Haus nicht nach außen ab, sondern ermöglicht das Erleben des »Genius Loci« in vollendeter Weise.

Links: Die Nordfassade mit dem Hauszugang und den kleinen Öffnungen.

Unten: Ansicht der Südfassade: Das Gefälle des Terrains erklärt die versetzten Niveaus im Hausinneren mit Wohnbereich oben und Essbereich mit gedecktem Sitzplatz unten.

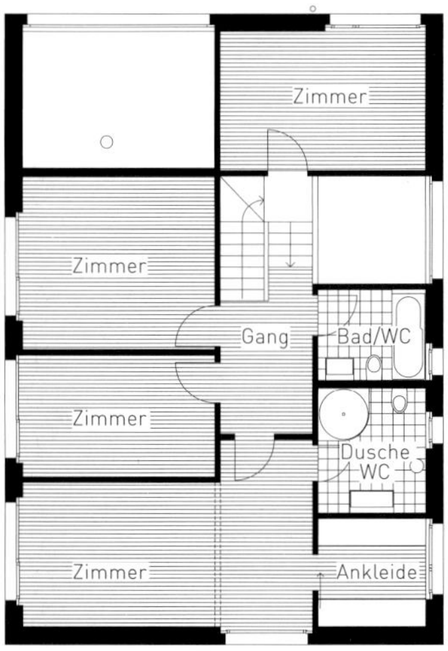

Obergeschoss

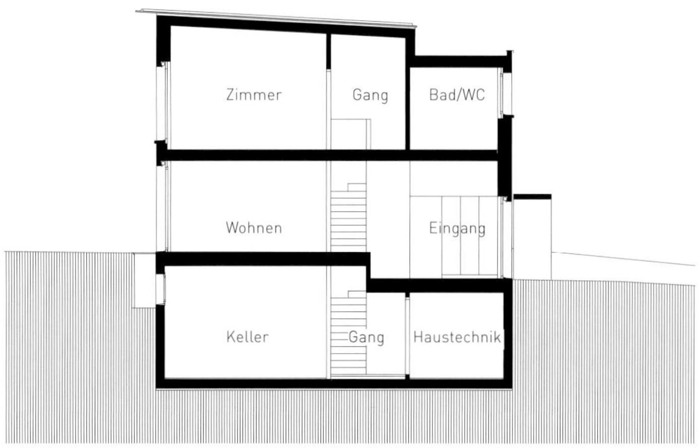

Querschnitt durch Wohnraum

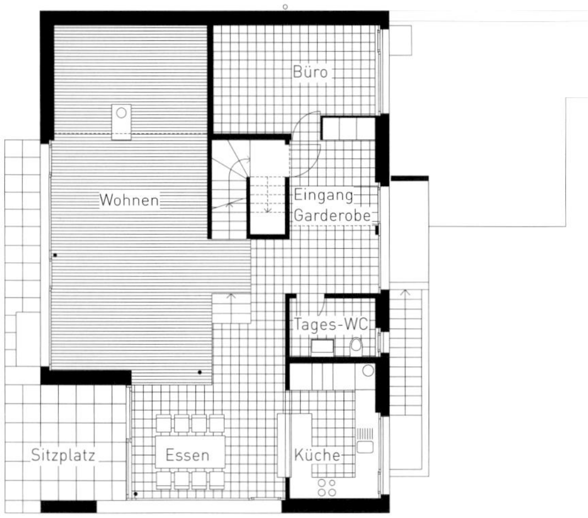

Erdgeschoss

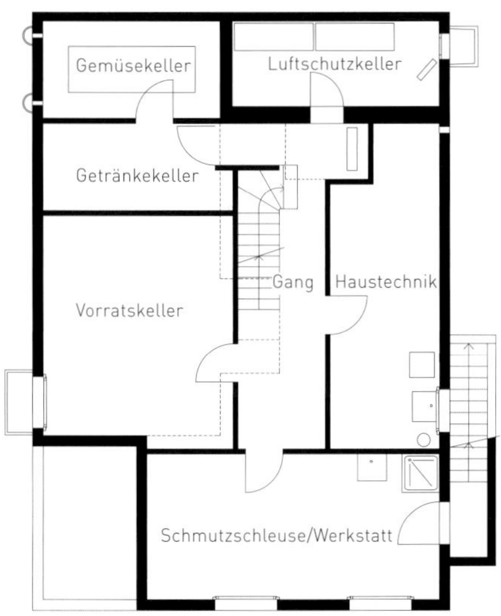

Kellergeschoss

››› Baudaten

Standort: über dem Vierwaldstätter See/
Kanton Luzern
Bauzeitraum: 2003
Grundstücksfläche: ca. 1.200 m²
Wohnfläche: ca. 251 m²
Baukosten gesamt: ca. 694.000 SFr

››› Adresse der Architekten

Imhof Architekten
Monika Imhof-Dorn und Eugen Imhof
Dorfplatz 6a
6060 Sarnen
Schweiz
Telefon: 0041-(0)41-6607775
E-mail: imhofarchitekten@bluewin.ch

››› Brücke zwischen Alt und Neu

Ein Bauernhaus und sein moderner »Anhang«

Ein Bauernhausensemble der besonderen Art findet sich im kleinen Schweizer Kanton Obwalden, hoch über dem Tal des Sarner Sees. Ein früheres Bauernhaus, das von der Familie Härry erworben worden war, bedurfte zur Hebung der Wohnatmosphäre einer Erweiterung der nutzbaren Fläche.

BAUERNHAUS-IDYLLE IN VOLLENDUNG

Bei dem bestehenden Gebäude handelt es sich um einen typischen Vertreter des traditionellen Obwaldner Bauernhauses. Zweigeschossig errichtet und mit dem typischen flachgeneigten »Tätschdach« versehen, ist das Gebäude mit seinem giebelseitigen Schindelschirm aus Lärchenholz dem Tal zugewandt. Im Kern geht das Gebäude wohl auf das 16. Jahrhundert zurück, wobei allerdings im Lauf der Jahrhunderte die üblichen Umbauten an Fassade und Grundrissgliederung stattgefunden hatten. Der Altbau war bereits in den 1990er Jahren mit Unterstützung eines befreundeten Malers nach einem Kaminbrand im Inneren saniert worden. Etwa zehn Jahre später wandten sich die Bauherren an Monika und Eugen Imhof. Im Gespräch mit den Architekten fiel letztlich die Entscheidung dafür, den kleinräumigen Charakter des alten Bauernhauses und dessen teils etwas spärliche Belichtung durch einen völlig anders gearteten und aussehenden Baukörper zu ergänzen.

ZWEI CHARAKTERE ZUSAMMENFÜGEN

Unter Nutzung eines bestehenden Garagenbaus entstand ein neuer Anbau, der ostseits an den Altbau angeschlossen ist. Ein neuer, lichter Eingangsvorbau erschließt das Erdgeschoss des Bauernhauses. Von der Garderobe führt eine Treppe nach oben, von wo sowohl eine Verbindung zum Altbau als auch zum Anbau besteht, der über eine brückenartige Schleuse in Holz-Glas-Konstruktion erreichbar ist. Senkrechte, konstruktiv ausgebildete Holzlamellen strukturieren den Zwischenbau und geben dabei doch den Blick auf die Berge frei, die jenseits des Tals aufragen. Das flach geneigte Pultdach der Schleuse ist mit schlichter beschieferter Bitumenpappe gedeckt.

Wie die »Brücke« das gestalterisch verbindende Glied zwischen Alt und Neu ist, so nimmt der Anbau auch im Ganzen die vorgefundene Materialität auf. Auch hier wird mit massivem Holz gebaut, auch hier weisen die Fassaden Schindelschirme aus Lärchenholz auf. Gänzlich anders stellt sich jedoch die Gliederung der Fassaden dar, die beim Neubau auf beiden Wohngeschossen durch regelmäßig strukturierte Fensterbänder geprägt sind. So ergeben sich zum einen panoramische Ausblicke, zum anderen

Das »Schlafabteil« in heimeliger Nische unter dem Dach.

Südfassade

Das alte Haus (links) mit dem über eine »Brücke« verbundenen, ebenfalls verschindelten Anbau.

Das alte, von der Sonne geschwärzte Haus mit verträumtem Garten.

Der auf dem Garagensockel aus den 1950er Jahren errichtete Anbau besitzt große Fenster, die die Sonnenstrahlen einfangen.

Ansicht des Anbaus von Westen. Die »Verbindungsbrücke« ist durch vertikale Holzlamellen strukturiert.

Geschützter Sonnenplatz auf der Südwestseite des Altbaus.

Dachgeschoss

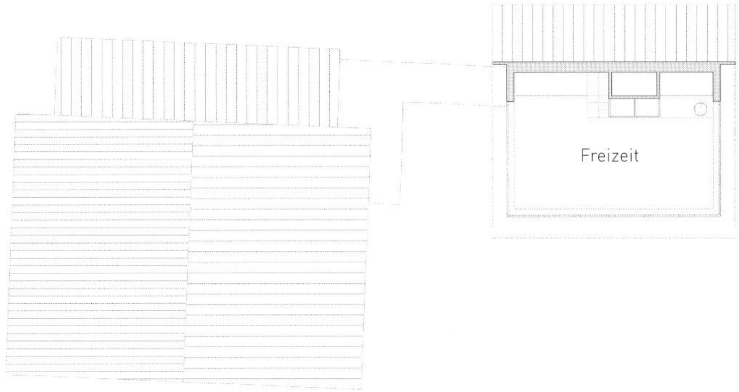

Schnitt

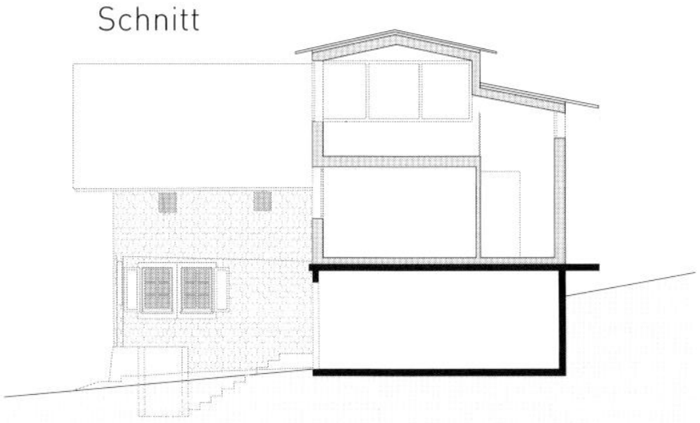

Obergeschoss

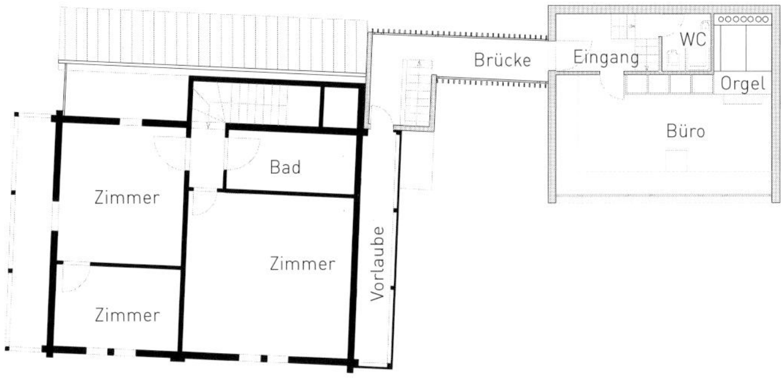

Erdgeschoss

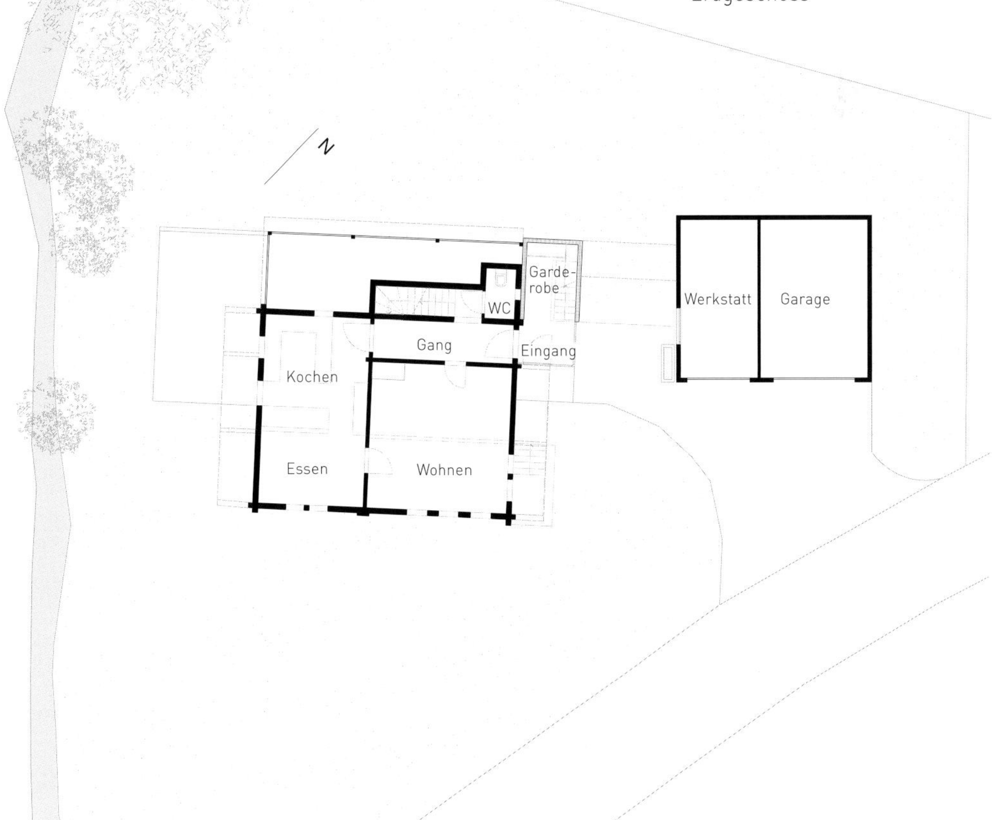

Links oben: Auf der Brücke zwischen Alt und Neu.

Links unten: Die Treppe ins Obergeschoss mit integriertem Bücherregal. Auf dem Absatz die Türe zur Dusche, rechts die Türe ins Büro.

Rechte Seite: Über der Treppe befindet sich die Nische mit dem Bett.

>>> Baudaten

Standort: Giswil/Kanton Obwalden
Bauzeitraum: 2001
Grundstücksfläche: ca. 1.237 m²
Wohnfläche Neubau: ca. 66 m²
Baukosten gesamt: 300.000 SFr

>>> Adresse der Architekten

Imhof Architekten
Monika Imhof-Dorn und Eugen Imhof
Dorfplatz 6a
6060 Sarnen
Schweiz
Telefon: 0041-(0)41-6607775
E-mail: imhofarchitekten@bluewin.ch

eine hervorragende Belichtungssituation, die den Aufenthalt insbesondere im Dachgeschoss zum besonderen Erlebnis macht.

LICHTES FERIEN-WOHNEN UNTER DEM DACH

Ganz oben sind die Funktionen Wohnen, Essen und Kochen nebeneinander untergebracht, ein »Schlafabteil« ist – den zur Verfügung stehenden Raum optimal nutzend – in die dunklere Ecke unter dem nördlichen Dachbereich eingeschoben. So erhält dieser Bereich auf einfache Weise den gewünschten Rückzugscharakter. Der auf dreieinhalb Seiten befensterte Raum lässt zu allen Tageszeiten den Ausblick auf die Obwaldner Landschaft zu, bis schließlich die Sonne über dem nordwestlichen Bergkamm versinkt. Die durch die Fenster einstrahlende Sonne und die effiziente Dämmung von Außenwänden und Dachbereich mit eingeblasenen Zelluloseflocken gewährleisten wohlige Wärme in der kalten und einen kühlen Kopf in der warmen Jahreszeit. Die von Eschenparkett und Fichte-Tanne-Dreischichtplatten gebildete Innensicht unterstützt die warme Atmosphäre des Raums.
In der Etage darunter befindet sich neben Dusche/Toilette und Garderobe südseits das »Kreativzimmer«, in dem sich der Hausherr – seines Zeichens begabter Organist – den Studien und künftig auch dem Spielen einer Hausorgel widmen kann. Die Orgelpfeifen werden im Luftraum bis unters Dach hoch geführt.

Ist das Bauernhaus im besten Sinne den regionalen Bautraditionen verhaftet, so übersetzt der Anbau das Thema »Landschaftsgebundene Architektur« in eine zeitgemäße Formensprache. Die genial einfache Verbindungsbrücke lässt die Natur durchscheinen und stellt eine gestalterisch außergewöhnliche, filigran bodenständige Verbindung von Alt und Neu her.

››› Fernab und hoch droben

Wohnen in idyllischer Abgeschiedenheit

Ist auch das Wohnen in einem abgeschiedenen Bergdorf eine Traumvorstellung für so manchen Alpenliebhaber, sind in der Realität heute viele Alpen und Bergdörfer nicht mehr bewohnt und dem Verfall preisgegeben, da ein Entscheid über eine alternative Nutzung sich oft schwierig gestaltet. Anders im Fall des »Maisäß« (regional für Bergdorf) Valschaviel, das wie auch andere seiner Art erhalten und teilweise saniert werden konnte. Das Vorarlberger Landeskonservatorat des Östereichischen Bundesdenkmalamts führt Zug um Zug eine Bestandsaufnahme dieser Siedlungen und der zugehörigen Gebäude durch, die mit genauen Vermessungen, Erhebungen der denkmalpflegerischen Wertigkeiten und auch Befragungen der Bewohner einhergehen. So wird dieses Kapitel der Kulturgeschichte nach und nach umfassend dokumentiert.

FILMSCHAUPLATZ FÜR »DER BERGKRISTALL«

Die trotz einiger Veränderungen teils noch im Zustand des 16. bis 19. Jahrhunderts verbliebenen Häuser von Valschaviel gaben vor nicht langer Zeit auch einen perfekten Schauplatz für Joseph Vilsmaiers Kinofilm »Der Bergkristall« ab. Das Filmteam ging dabei nicht nur seiner ureigensten Arbeit nach, sondern integrierte sich dabei im wahrsten Sinne in den Ort, indem es bei der einheitlichen Neueindeckung der Gebäude mit den traditionellen Legschindeln half. Bei der Betrachtung des Films wie auch des ausgewählten Drehorts wird klar, dass es für die Geschichte hinsichtlich der Abgeschiedenheit, der weitgehenden Unberührtheit und der Authentizität des Dorfs keinen besser geeigneten Ort hätte geben können. Nach wie vor ist das Dorf nur über einen ungeteerten, Geländefahrzeugen vorbehaltenen Güterweg erreichbar. Wenngleich heute einige Häuser nur noch als Wohnsitze genutzt werden, sind viele Bergwiesen durchaus nach wie vor bewirtschaftet. Die traditionell zum Maisäß gehörigen Parzellen erstrecken sich bis auf Höhenlagen von 2.000 Metern. Wenn man bedenkt, dass sich die Ansiedlung selbst bereits auf einer Höhe von fast 1.500 Metern befindet und die Hanglagen zumeist extreme Steigungen aufweisen, ist die Arbeitsleistung zur Weidebewirtschaftung in etwa abzuschätzen. Der Valschavielkopf ist mit 2.696 Metern die höchste Erhebung.

DER BERGWELT ANGEPASST

Die Natur war und ist hier oben weit stärker als andernorts präsent und gab stets nicht nur den Rhythmus des Lebens und Arbeitens, sondern auch die Bauweise der Häuser vor. Die einzelnen Anwesen des auf einem Murkegel oberhalb des Valschavielbachs errichteten Maisäß wurden jeweils in gereihter Abfolge parallel zum Hang übereinander errichtet, um Schutz vor Schneelawinen und Erdrutschen zu

Linke Seite und unten: Die Bilder zeigen sehr schön, wie sich die Häuser der Siedlung untereinander reihen, um größtmöglichen Schutz vor Erdrutschen und Lawinen zu bieten.

Links: Die Lawinenverbauung aus Naturstein gewährt dem am höchsten gelegenen Haus mehr Sicherheit.

Unten: Ein liebevoll wieder hergerichtetes Haus mit eigenem Brunnen.

Rechte Seite beide: Schlaf- und Kochbereich des Hauses.

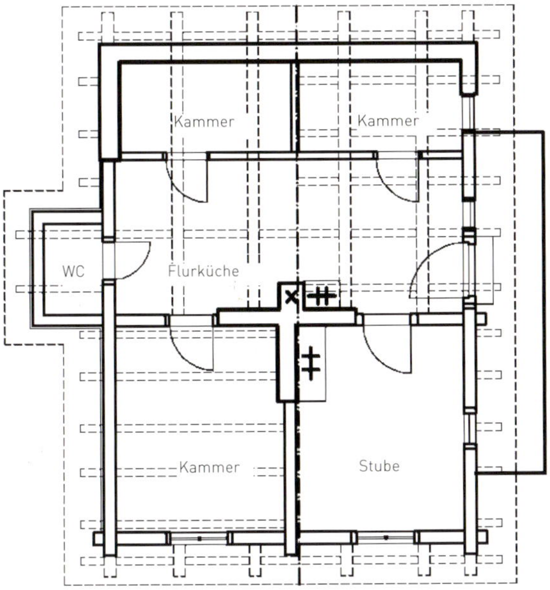

Erdgeschoss

Oben und links beide: Dieses Gebäude mit dem alten Stall im unteren Geschoss ist der Länge nach in zwei separate Gebäude aufgeteilt.

››› **Baudaten**

Standort: Vorarlberg/Gemeinde Gaschurn

Erbauungszeit Altsubstanz: 16.–19./ Anfang 20. Jahrhundert

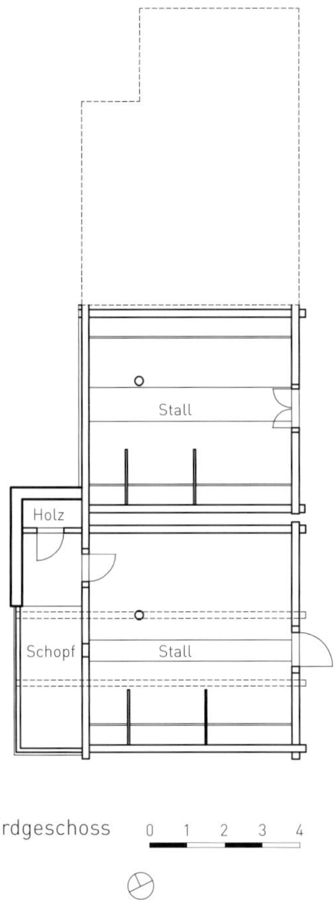

Erdgeschoss

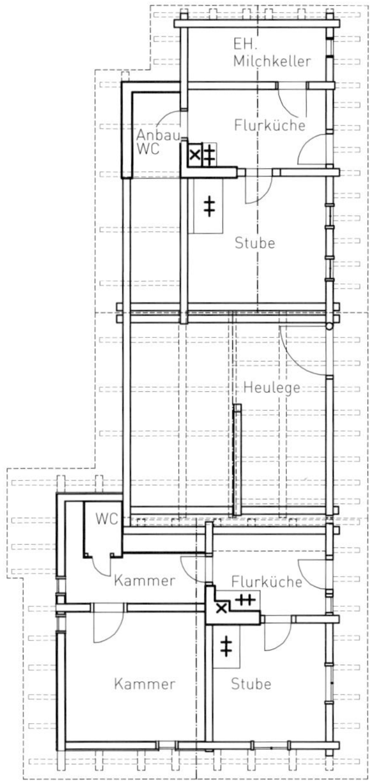

Obergeschoss

gewährleisten. Entsprechend sind auch die Giebelseiten der Häuser zumeist zum Tal beziehungsweise zum Berg orientiert, die längeren Traufseiten zur Verminderung der »Angriffsfläche« parallel zum Hangverlauf. Zumindest die am höchsten gelegenen »Reihen-Häuser« erhielten zusätzliche, dem bergseitigen Giebel vorgelagerte Verbauungen aus Felssteinen, die in den meisten Fällen der Form des Hausgiebels nachempfunden sind.

TRADITIONELLES BAUEN IM HOCHALPINEN BEREICH

Die Gebäude entstanden in den vergangenen 400 Jahren stets in Holzbauweise und wurden auch mit Holzbrettern verschalt, die Fundamente und Keller wurden aus dem in der Umgebung vorkommenden Naturstein (verschiedene Gneise) errichtet. Unter den Gehölzarten fand sich früher die Zirbe, die mittlerweile allerdings praktisch nicht mehr vorkommt. Auch die ebenfalls als Bauholz verwendete Lärche ist nur noch in Restbeständen vorhanden, die Fichte zum dominierenden Baum geworden.
Die einzelnen Gebäude unterscheiden sich in der Bauweise, Größe und Nutzungsstruktur. Neben reinen Wohnhäusern mit zwei bis vier Kammern finden sich auch viele Wohnstallhäuser mit Heulege. In einigen Fällen ist auch der Wirtschaftsteil ganz oder teilweise zum Wohnraum umgenutzt. Reine Wohnhäuser waren in vielen Fällen eingeschossig ausgeführt. Bei Wohnstallhäusern liegt zumeist eine vertikale Nutzungsteilung vor – unten der Stall, oben die Wohnräume und die Heulege. Die Erschließung des Obergeschosses erfolgte dann meist durch eine außen liegende Treppe und den Balkon.
Die historische Ausstattung hat sich bei einigen Anwesen – so bei den im Foto vorgestellten Vertretern – erhalten und konnte teilweise auch restauriert werden. Balken aus der Erbauungszeit, weiß gekalkte Öfen und alte Holzbohlenwände erzählen von der Baugeschichte und schaffen eine überwältigend authentische Wohnatmosphäre, die jedes Alpenkitsch-Ambiente vergessen macht.

Es ist zu hoffen, dass der begonnene Wandel hin zum Wohnsitz für Wochenend- und Ferienaufenthalte weiterhin im Einklang mit den Bautraditionen erfolgt. Denn gerade die traditionelle Siedlungs- und Baugestalt mit der einmaligen natürlichen Lage kennzeichnet das Leben in diesem wie auch anderen Maisäßen und konstituiert ein wahrhaftiges Ambiente. Hier ist das Wohnen in den Alpen nicht schick nachgestellt, sondern sehr unmittelbar erlebbar.

››› Traumblick über den Bodensee

Abgeschieden und doch ganz nah

Das Haus der Familie Weise versinnbildlicht das Wohnen »zwischen Bergen und Seen«, liegt dieses großzügige Einfamilienhaus doch in Sichtweite des Bodensees und in die Alpenlandschaft eingebettet. Selbst wenn der See und die an seinem Ufer errichteten Häuser unter einem dichten Nebelschleier liegen, scheint hier oben zumeist die Sonne. Der Vorzug des Orts ist hier keine bloße Begleiterscheinung oder der Ausgangspunkt der Architektur, sondern deren eigentlicher Kern.

MIT AUSBLICKEN ARCHITEKTUR FORMEN

Die Bauherren gingen ihre Baumaßnahme mit größter Sorgfalt an und ließen sich auch bei der Auswahl des Architekten Zeit. Mehrere Planer wurden um Entwurfsvorschläge gebeten und schließlich der in Bregenz und Lindau tätige Architekt Daniel Sauter ausgewählt. Auch die Wahl des Grundstücks benötigte aufgrund der hohen Ansprüche viel Zeit und Geduld. Die schließlich erworbene Parzelle zeichnet sich ebenso durch ihre extrem steile Hanglage wie auch durch die sich von dort bietende unvergleichliche Fernsicht über den gesamten Bodensee aus. Der Blick suggeriert eine Nähe, die in Wirklichkeit so gar nicht vorhanden ist. Wunsch der Bauherren und planerische Zielsetzung war es, möglichst alle Fassadenpartien des Gebäudes mit Aussichtsmöglichkeit auf den See als Ganzglaskonstruktion herzustellen. Daraus ergab sich von nahezu allen Positionen im Haus eine direkte, von konstruktiven Bauteilen kaum gestörte Blickbeziehung mit der Wasserfläche und gleichzeitig der Eindruck eines fast schwebend wirkenden Gebäudes. Dieses Motiv wird durch den mittig aus dem Obergeschoss vorkragenden Erker, der nur seine Funktion mit historischen Vorbildern gemein hat, zusätzlich betont. Gleich einem Horst an der Felswand hängend, bietet dieses moderne Adlernest weite Ausblicke längs der Fassaden. In der Gesamtschau entsteht durch diese charakteristische Kubatur die Assoziation zu einem großen Vogel, der gerade seine Schwingen ausbreitet und sich in die Lüfte erheben will. Die eingeschobene Holzbox »durchbricht« die ansonsten durch die betonierten Ebenen vorgegebene horizontale Strukturierung. Die über die Fassaden auskragenden Partien der Bodenplatten fungieren als umlaufende Balkone, die die enge Verbindung von Innen- und Außenraum unterstreichen.

Links: Ansicht des Hauses von Westen.

Rechts Seite: Der Blick von Südosten zeigt, dass sich die gläserne Fassade ganz der Sonne zuwendet. Der moderne Erker im Obergeschoss setzt einen außergewöhnlichen Architektur-Akzent.

Oben links: Ausblicke prägen das gesamte Gebäude.

Links und oben rechts: Blick in die Küche.

Rechte Seite beide: Das Wohngeschoss ist sehr durchgängig und offen gestaltet.

Ausblick vom Balkon auf Lindau und den Bodensee.

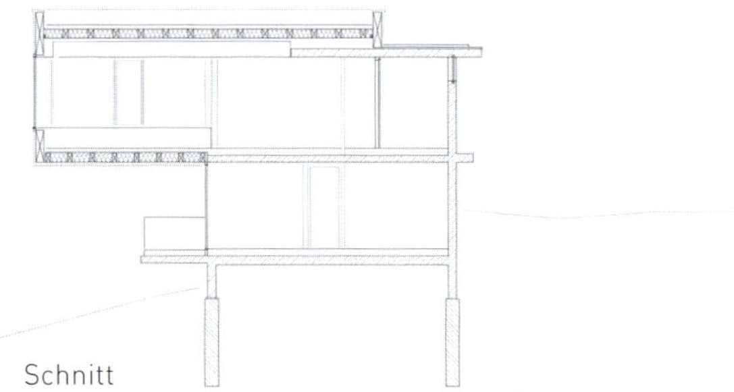

Schnitt

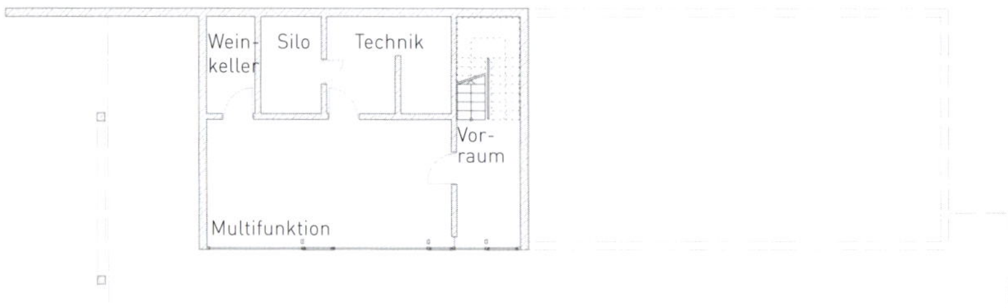

Obergeschoss

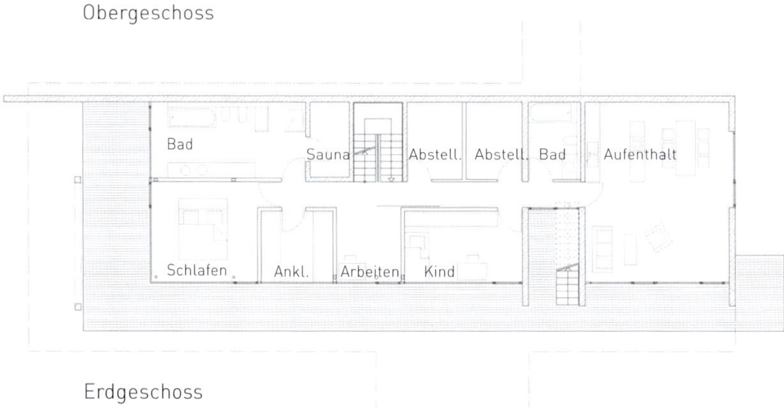

Erdgeschoss

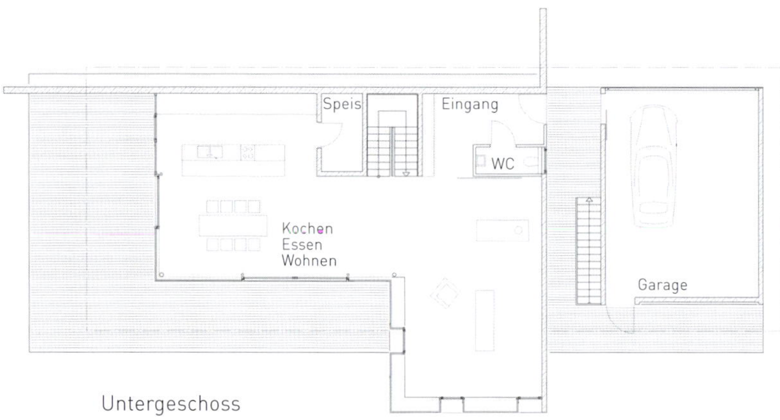

Untergeschoss

WOHNEN OHNE BARRIEREN

Aufgrund der starken Hanglage betritt man das Haus im Obergeschoss. Schon von dem zwischen Wohnbereich und Garage situierten Eingang, der das transparente Architekturkonzept vorwegnimmt und darauf einstimmt, bietet sich eine weite Fernsicht auf den Bodensee. Das Obergeschoss als Hauptwohnebene besitzt abgesehen von einer Sanitärbox im Eingangsbereich und einer Speisekammer keinerlei raumhohen Zwischenwände. Dieses offene Innenraumkonzept mit nur dem notwendigsten Maß an trennenden Barrieren und ohne Niveauunterschiede innerhalb der Ebenen ist nicht nur sehr zeitgemäß, sondern lässt auch die Räume noch größer erscheinen. Nicht zuletzt eignet sich das Haus dadurch auch besonders gut für das spätere Wohnen im Alter. Hierfür kann bei Bedarf ohne großen konstruktiven Aufwand ein Personenaufzug eingebaut werden.
Vom Obergeschoss aus führt eine Treppe zum Schlafgeschoss, das Hanggeschoss schließlich ist den Nutzräumen und dem Weinkeller vorbehalten.

NATURNAH UND ÖKOLOGISCH

Da die Bauherren es als widersinnig empfunden hätten, die Nähe zur intakten Natur zu suchen und ein unökologisches Haus zu bauen, sind Bauweise, Materialien und Haustechnik bewusst nach Umweltgesichtspunkten gestaltet. Eine Holzpelletheizung dient als Wärmequelle, Solarkollektoren auf der Südfassade der Garage besorgen die Warmwasserbereitung. Zusammen mit einer hoch effizienten Dreifachverglasung (k-Wert 0,7 W/m²K) und einer luftdichten Ausführung der baulichen Hülle konnte trotz der windexponierten Lage ein sehr guter Niedrigenergiestandard von etwa 35 KWh/m²a erreicht werden. Abgesehen von Glas und Beton wurde für Fassadenverkleidungen, Fenster und Bodenbeläge das für die Region typische und dorthin passende Holz der Weißtanne eingesetzt. Eine einfache Konstruktion und eine kurze Bauzeit trugen ungeachtet der erreichten hohen Architekturqualität und der großen Wohnfläche dazu bei, Kosten in beträchtlichem Umfang einzusparen.

Gläserne Außenhaut und atemberaubende Aussicht sind die zwei wichtigsten »Zutaten« dieses formal ebenso gewagten wie gelungenen Wohnhauses. In Wohnflächenangebot wie Raumgefühl ausgesprochen großzügig konzipiert, orientiert sich das Gebäude doch bescheiden an den örtlich angebotenen Ressourcen und Materialien.

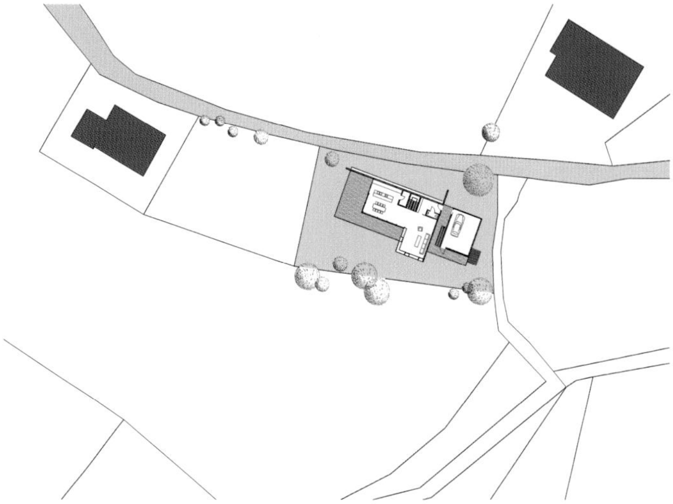

Lageplan

››› Baudaten

Standort: Vorarlberg
Bauzeitraum: 2003 (6 Monate)
Grundstücksfläche: ca. 950 m²
Wohnnutzfläche: ca. 365 m²
Baukosten gesamt: ca. 300.000 Euro

››› Adresse der Architekten

k_m architektur

Büro Bregenz (Österreich)
Daniel Sauter
Glockengieße 2
6900 Bregenz
Österreich
Telefon: 0043-(0)5574-82838
Fax: 0043-(0)5574-83017
E-mail: k_m architektur@aon.at
www.k-m-architektur.com

Büro Lindau (Deutschland)
Daniel Sauter
Hochbucher Weg 58
88131 Lindau
E-mail: k_m architektur@aon.at
www.k-m-architektur.com

››› Zwischen Bergen und See

Eine neue Villa in traditioneller Materialität

Das Tessin zählt ohne Zweifel zu den schönsten und seit längerer Zeit auch beliebtesten Standorten des Alpenraums, wo sich insbesondere viele Bewohner aus der Deutschschweiz und aus Deutschland niedergelassen haben. Entsprechend knapp geworden sind in der Zwischenzeit aber auch die Bauplätze. Nicht immer entsteht zudem Architektur von Format. Häufig werden auch vorhandene alte Rustici (Bauernhäuser) abgebrochen, um durch moderne Allerweltsarchitektur ersetzt zu werden. Der hier vorgestellte Neubau eines zeitgemäßen Ferienhauses vermeidet alle möglichen Fehler und schafft eine Architektur, die in die Landschaft passt und sich nicht in den Vordergrund spielt.

EINGEPASST IN DIE NATUR

Das von der Bauherrschaft nach langer Suche gefundene und erworbene Grundstück mit dem darauf stehenden alten Rustico erstreckt sich von der oberhalb vorbei führenden Kantonsstraße bis tief hinunter Richtung Lago Maggiore. Die zahlreichen den Hang gliedernden Geländeterrassen werden vom Hausherrn nach und nach instand gesetzt und mit einer standortangepassten Bepflanzung und unter Verwendung von Naturstein aus der Umgebung gestaltet. Auf der Ostseite befindet sich ein Nachbargrundstück mit einem Einfamilienhaus, auf der West- und Südwestseite blickt man tief in eine grüne Schlucht, die von einem kaskadenartig herabstürzenden Gebirgsbach ausgeschürft worden ist. Den Vorteil dieser Lage ausnut-

Links: Blick auf die Villa von Südwesten.

Rechts Seite: Das Haus mit Sitzplatz und Blick auf den Lago Maggiore.

zend, wurde im Zug der Baumaßnahmen eine holzgedeckte Aussichtsterrasse mit Blick auf die Wasserfälle errichtet, ein Platz der von den Ehepartnern häufig zum Kaffeetrinken oder für ein abendliches Glas Wein genutzt wird. Auch ansonsten bestimmt der unvergleichliche Ausblick das Aufenthaltserlebnis im Freien und im Haus selbst.

NATURSTEIN IN VOLLENDETER AUSFÜHRUNG

Dass die vom Architekten Hannspeter Oechsli geplante Villa keineswegs ein der Umgebung aufgepfropfter Fremdkörper ist, sondern sich als Teil der Landschaft versteht, zeigt sich schon von Weitem: Der für den Bau verwendete Granit kommt aus der Region und wurde auch von einem hervorragenden italienischen Handwerker nach der traditionellen Technik Schicht für Schicht vermauert. Sowohl Außen- als auch Innenwände sind überwiegend in dieser massiven Natursteinbauweise errichtet, der Naturstein ist hier also – wie ansonsten oft – nicht etwa nur vorgeblendet. Durch die offenen Fugen entstehen besonders eindrucksvolle Lichtwirkungen und Schattenspiele. Dass die handwerkliche Sorgfalt des Zwei-Mann-Teams ihre Zeit brauchte und auch ihren finanziellen Tribut forderte, soll hier nicht verschwiegen werden.

Stahlbeton wurde bei dem Haus überwiegend für den Bau des Kellergeschosses und der Geschossdecken verwendet, die sich in ihrer Materialität auch ganz offen nach außen zeigen. Die klaren Linien des Gebäudes schaffen zusammen mit dem leichten Überstand des Flachdachs eine bis zum Extrem konsequente Klarheit. Die von den Stirnseiten der Deckenplatten gezeichneten langen Linien scheinen das Bauwerk gerade bei Nebelstimmung bis ins Ungewisse zu verlängern.

BESCHEIDENER AUFTRITT, GROSSES RAUMGEFÜHL

Von der Straße kommend, zeigt sich das dreigeschossige große Ferienhaus als ebenerdiger Garagenbau, der Charakter als Wohnhaus erschließt sich erst beim zweiten Hinsehen. Direkt vom Eingangsflur führt eine lange gerade Treppe lichtbandartig vom Schlafgeschoss hinunter ins Wohngeschoss. In ihrem kaskadenähnlichen Charakter

Oben: Die Treppe führt geradewegs ins Schlafgeschoss und zum Hauseingang.

Oben rechts: Blick in die Küche mit Ausblick in den Garten.

Rechts: Der Wohnbereich mit dem aus Naturstein gemauerten Kamin.

Linke Seite: Im Erdgeschoss: Blick von der Sitzecke zum Essplatz und in die Küche.

zitiert sie die Wasserfälle der nahen Schlucht. Der große, über das Untergeschoss ausgreifende Wohnraum mit seiner großflächigen Verglasung wird südseits fast zum Teil des Himmels und westseits zum Teil der umgebenden Natur. Eine westlich vorgelagerte Grillterrasse schafft zusätzliche Möglichkeiten zum Aufenthalt im Freien.
Der im Haus verlegte graue Sandstein ist als perfekt zurückhaltender Hintergrund für die Kunstsammlung und die höchst niveauvolle, dabei aber sparsame Innenausstattung konzipiert. Die Küche befindet sich in einem eigenen, vom Wohnraum abtrennbaren Bereich.

Das quer zum Hang gebaute, zum Nachbarn völlig geschlossene Ferienhaus ist ganz auf die Natur, den See und die Berge ausgerichtet. Es gelingt in idealer Weise, die teils unbefriedigende Nachbararchitektur auszublenden und den Eindruck von Abgeschiedenheit und Landschaftseinbettung zu schaffen.

Oben: Sitzplatz im Wohnraum mit Aussicht auf den See.

Linke Seite beide: Ein Doppeldusch-Kubus aus anthrazitfarbenem Glas trennt den Schlafbereich vom Bad.

››› Baudaten

Standort: nahe dem Lago Maggiore/ Tessin
Bauzeitraum: 2001–2002
Grundstücksfläche: ca. 2.000 m²
Wohnfläche: ca. 200 m²
Baukosten: keine Angaben

››› Adresse des Architekten

Oechsli & Partner
Hans Peter Oechsli
Rheinstraße 17
8201 Schaffhausen
Schweiz
Telefon: 0041-(0)52-6247726
E-mail: info@oechslipartner.ch
www.oechslipartner.ch

››› Örtliche Bauleitung

Moro & Moro
Studio d'architettura
6600 Locarno
Schweiz

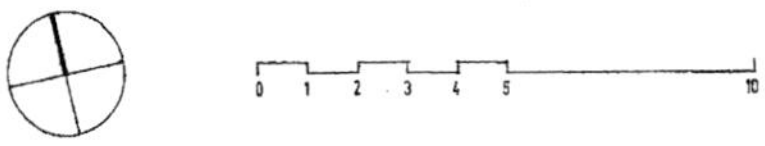

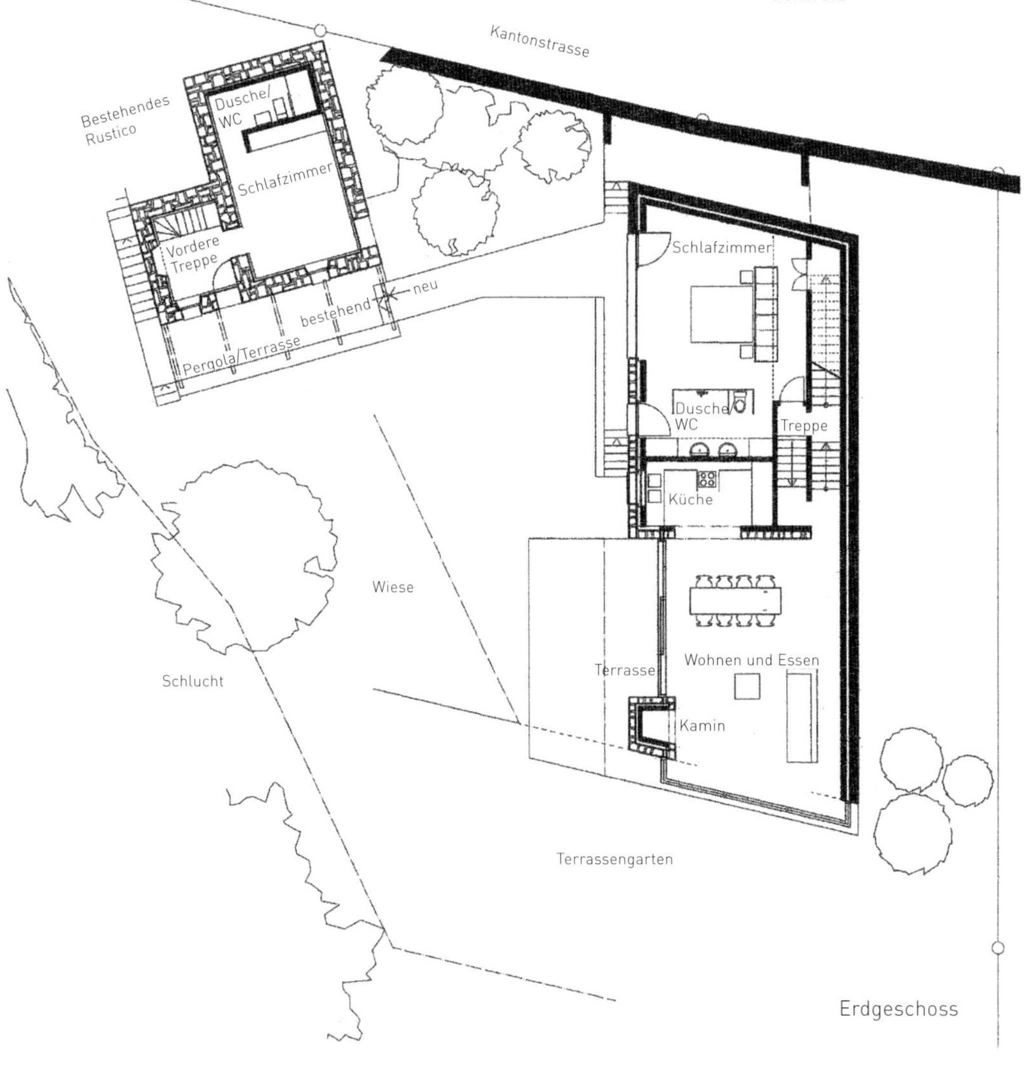

Erdgeschoss

Gesamtansicht der Villa von Westen.

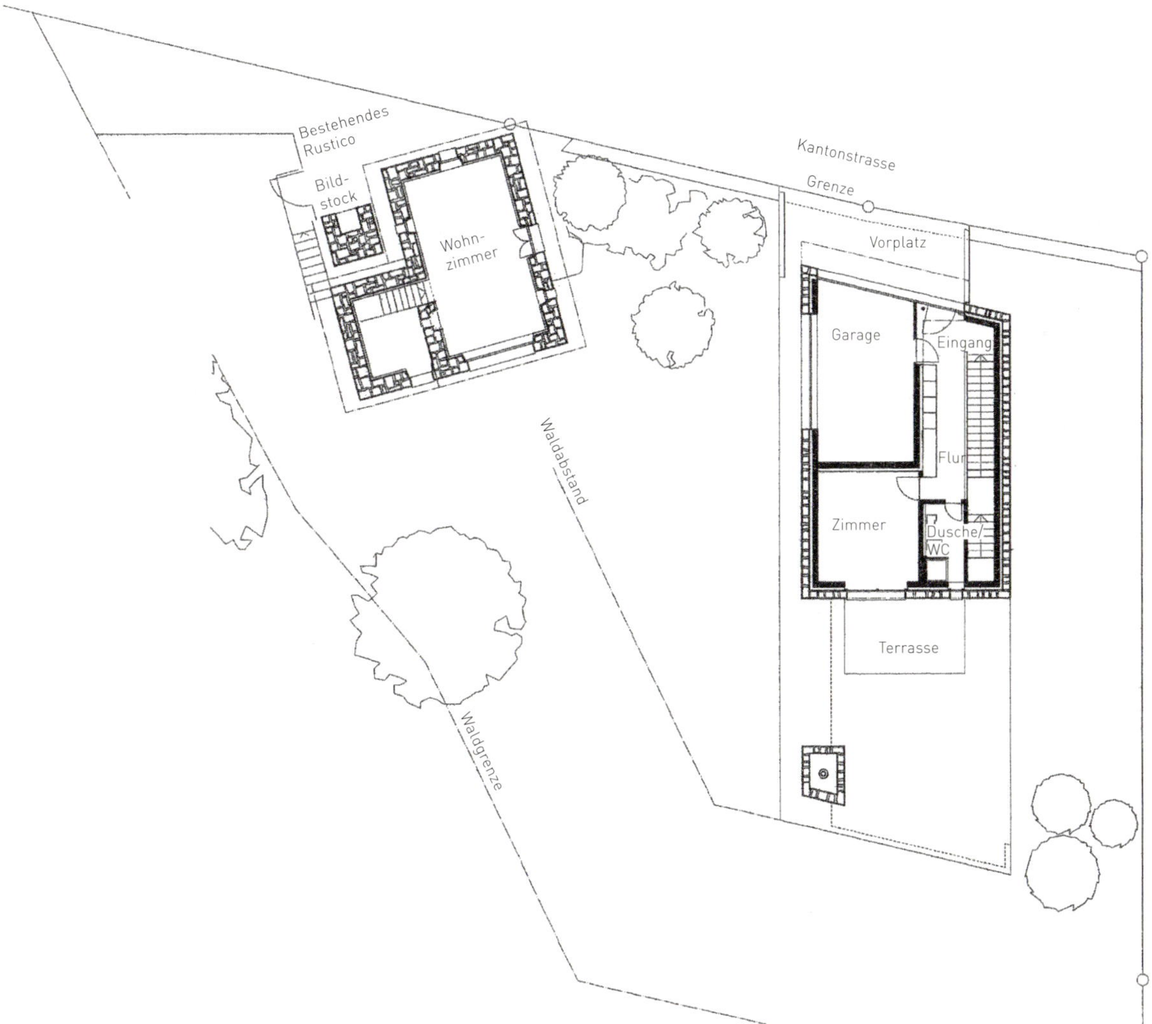

Obergeschoss

››› Historisches Ensemble wiederbelebt

Ein Rustico im Tessin

Gehörig zum im Vorhergehenden beschriebenen Neubau, stellt das beim Kauf des Grundstücks vorhandene Rustico im Grunde eine kleine Welt für sich dar. Der besondere Reiz des Anwesens lag darin begründet, dass neben dem Haus selbst noch ein ebenfalls aus Naturstein errichteter, halb in die Erde versenkter Weinkeller und oberhalb an der Straße ein Bildstock Zeugnis von der Vergangenheit ablegen. Der Abriss einer dieser denkmalwürdigen Elemente hätte ohne Zweifel die Ausstrahlung insgesamt geschmälert. Deshalb entschieden sich die Bauherrschaft und ihr Architekt, Hannspeter Oechsli, für die Wiederherstellung und, wo notwendig, vorsichtige Ergänzung der baulichen Anlage.

KLARHEIT, BELICHTUNG UND AUSBLICK

Das ehemals kleinbäuerlich genutzte, heute für Familie und Freunde bestimmte Wohngebäude und auch der wohl zeitgleich errichtete Weinkeller wiesen eine Reihe baulicher Schädigungen auf, die im Falle des Rusticos selbst unter anderem den Einbau einer neuen Treppe und neuer Bodenbeläge erforderlich machten. Die skulpturale Formgebung der Treppe ist zeitgemäß, ihre gewollte Schlichtheit passt sich dem innenräumlichen Charakter des Altbaus an. Weißer Kalkputz sorgt im gesamten Innenraum für Helligkeit und für ein wohngesundes Raumklima.
Im Äußeren standen in erster Linie die Erneuerung des schadhaften Dachs mit teils neuer Konstruktion und Deckung aus in traditioneller Manier übereinander geschichteten Granitplatten an sowie die eines den heutigen Wärmeschutzanforderungen genügenden Dachaufbaus. Das Natursteinmauerwerk aus unregelmäßigem, behauenem Granit wies eine mehr als ausreichende Dicke auf und brauchte nur an verschiedenen Stellen ergänzt sowie neu vermörtelt zu werden. Nach Süden wurde der Fensterausschnitt im Obergeschoss vergrößert, um eine möglichst lichte Ferienatmosphäre zu schaffen und um den Ausblick auf den See gleichsam als reales Landschaftsgemälde zu inszenieren. Über dem Eingang sorgt ein senkrechtes Fensterband für die Belichtung der Treppe.

ERNEUERUNG IM GEIST DER BESCHEIDENHEIT

Ansonsten beließ man den Großteil der Wandöffnungen und Nischen in den vorgefundenen Abmessungen. Eingangstüre und Fenster sind aufgrund des maroden Zustands der vorgefundenen Exemplare durchwegs durch neue ersetzt worden, wobei das im Tessin traditionell gebräuchliche Holz der Esskastanie (*Castanea sativa*) Ver-

Links: Blick auf das Rustico von Osten.

Rechte Seite: Südseits ist die Fassade mit Feingefühl den heutigen Belichtungsansprüchen angepasst worden. Vorgelagert entstand eine neue, weinüberwachsene Pergola.

wendung fand. Der Eingang mit dem rechts der Türe platzierten Tisch wird durch eine neue, nach den Plänen des Architekten mit Stützen aus Granit errichtete Pergola und die sich daran empor rankenden Weinreben beschirmt.
Der wie das Wohnhaus ganz aus Granitsteinen aufgeschichtete alte Weinkeller bot dem Rebensaft derart gute Lagerbedingungen, dass eine Wiederherstellung für die Bauherrschaft schon allein deshalb außer Frage gestanden hätte. Ungeachtet dessen, dass die Wände und das Dach in großen Teilen eingefallen waren, machten sich die beiden Maurer an die Wiederaufrichtung. Heute sieht der Weinkeller aus, als stünde er in seinem Ursprungszustand da.
Der der Marienverehrung gewidmete Bildstock an der Straße brauchte nur fachgerecht gesäubert zu werden. Er wurde, obgleich zum Anwesen gehörig, nicht abgezäunt, sondern blieb für die Allgemeinheit zugänglich.
Das Rustico mit seinen bauhistorischen »Anhängen« fügt sich zum Neubau wie die notwendige zweite Hälfte eines Memorys, ohne die sich kein stimmiges Ganzes ergäbe. Seine Wiederherstellung macht Geschichte, Landschaft und Architektur präsent und erlebbar.

››› Baudaten

Standort: nahe dem Lago Maggiore/ Tessin
Ursprüngliche Erbauungszeit: um 1850
Sanierungszeitraum: 2001–2002
Grundstücksfläche: ca. 2.000 m²
Wohnfläche: ca. 80 m²
Baukosten: keine Angaben

››› Adresse des Architekten

Oechsli & Partner
Hans Peter Oechsli
Rheinstraße 17
8201 Schaffhausen
Schweiz
Telefon: 0041-(0)52-6247726
E-mail: info@oechslipartner.ch
www.oechslipartner.ch

››› Örtliche Bauleitung

Moro & Moro
Studio d'architettura
6600 Locarno
Schweiz

Linke Seite links: Blick vom Obergeschoss des Rusticos auf die Villa. Das außenbündig gesetzte neue Fenster macht die Mächtigkeit des Natursteinmauerwerks erlebbar.

Linke Seite rechts: Das komplett erneuerte Treppenhaus mit integrierter Lagermöglichkeit.

Oben: Wohnraum im Obergeschoss mit großem Südfenster.

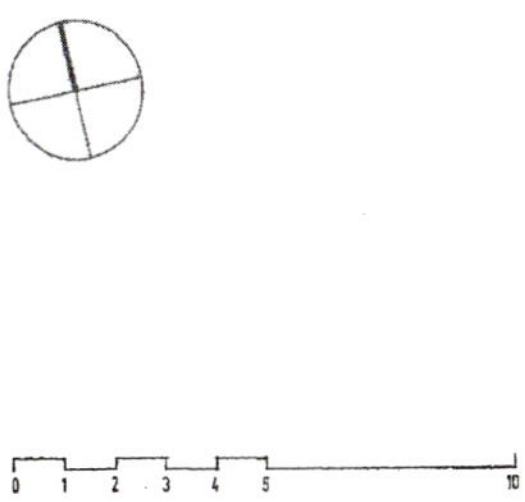

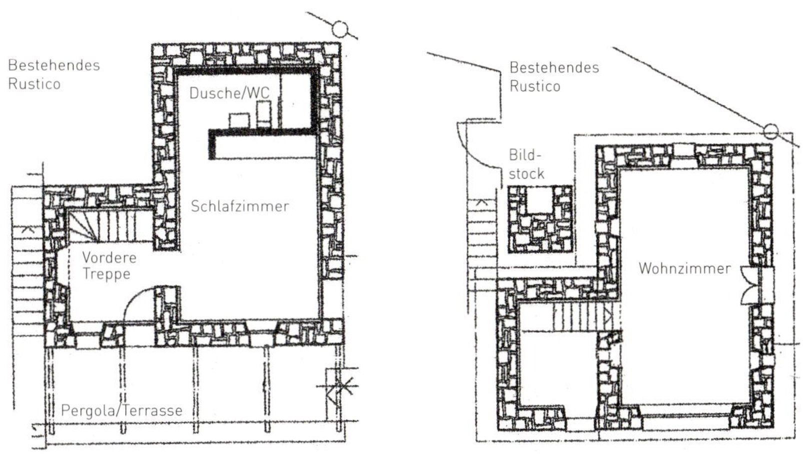

Erdgeschoss

Obergeschoss

››› Wohnen hinter Arkaden

Ein früheres Bauernhaus im Tessin

Wie viele andere Bewohner der Deutschschweiz, die die besondere Atmosphäre des italienisch sprechenden Landesteils lieben, nahmen Theres und Dieter Siegenthaler vor nunmehr über zehn Jahren ihren zweiten Wohnsitz im Tessin. Ein aus ursprünglich drei Ortsteilen bestehendes, am Hang gelegenes Bergdorf im Valle Maggia (dem Tal der Maggia) bot dem Ehepaar nach längerer Suche die gesuchte außergewöhnliche Atmosphäre. Durch ihren in Locarno ansässigen Architekten Christoph Zürcher auf ein zum Verkauf stehendes Anwesen aufmerksam geworden, stieß man glücklicherweise auf das letztlich auch erworbene Kleinod.

DÖRFLICHE IDYLLE

Das Auto muss in diesem Ort draußen bleiben und wird auf einem der zentralen Parkplätze abgestellt. Schmale Gassen zwischen anderen, teils ebenfalls restaurierten Natursteinhäusern und farnbewachsenen Plattenwegen führen fußläufig zum Haus, das von Weinreben eingewachsen ist. Durch das Blätterkleid fallen die Sonnenstrahlen auf den loggienartigen Balkon, der das gesamte Obergeschoss und die einzelnen Zimmer erschließt. Auf dem Vorplatz, der in früheren Zeiten unter anderem zum Dreschen des Korns genutzt wurde, bildet ein granitsteingefasstes Pflanzbeet die grüne Einstimmung. Das darin eingebettete, bereits beim Kauf vorhandene Wasserbecken besteht aus einem Mörser, in dem die Bauernfamilien vormals Korn und Kastanien gemahlen haben.

ATMOSPHÄRISCH

Wohl im 17. Jahrhundert erbaut, war das mitten im alten Dorfkern gelegene zweigeschossige Gebäude beim Erwerb von »Verschlimmbesserungen« durch unsachgemäße Renovierungsmaßnahmen weitgehend verschont geblieben und präsentierte sich daher in einem ursprünglichen Zustand.

In der für weite Teile des Tessins typischen Einzelbauweise konzipiert, dürfte es sich auch bei diesem Beispiel um ein Haus mit überwiegender Wohnnutzung gehandelt haben. Stall und Scheune waren in separaten Gebäuden

Links: Durchblick von der Wohnküche in das Wohnzimmer.

Rechte Seite: Gesamtansicht des Hauses mit dem Eingang (links des Essplatzes) und der Außentreppe zur Loggia und den Räumen des Obergeschosses.

88

Links oben: Detail der Sonnenuhr, die im Zuge der Renovierung behutsam restauriert wurde.

Links: Farnüberhangenes Naturstein-Wasserbecken beim Hauseingang.

Rechte Seite: Oberhalb des Gebäudes befindet sich ein zugehöriger Blumen- und Kräutergarten mit völlig eingewachsener Laube.

untergebracht. Auf der rückwärtigen Seite ist das Haus in den Hang hineingebaut. Die daraus resultierenden Feuchteprobleme mussten durch die Abdichtung und Austrocknung des Außenmauerwerks behoben werden. Etwa ein Zehntel der Dachdeckung war marode und wurde durch neue Granitplatten ergänzt. Ansonsten blieb das Meiste beim Alten: Fensterausschnitte wurden überwiegend im vorgefundenen Zustand belassen, die Fenster selbst jeweils in Fichte erneuert. Es ging also nicht darum, dem alten Haus mit dem Brecheisen all die Voraussetzungen moderner Architektur wie etwa große Glasflächen einzuschreiben, sondern das Vorhandene als gegeben zu nehmen und punktuell an die an ein Ferienhaus gestellten Wohnansprüche anzupassen. Zu dem eingebauten sinnvollen Komfort gehört auch die über Telefon fernzusteuernde Heizung, sodass die Bewohner bereits bei der Ankunft im Feriendomizil wohlig warme Zimmer betreten.

RÄUME MIT EHRLICHER AUSSTRAHLUNG

Der Zugang ins Gebäude erfolgt ebenerdig über die Küche, deren Belichtung durch die leichte Vergrößerung des schon vorhandenen Fensters deutlich verbessert wurde. Die rahmenlose Ausführung setzt sich von den übrigen Holzfenstern ab und signalisiert somit deutlich, dass hier etwas neu hinzugefügt wurde. Der urtümliche, bei der Sanierung belassene Kaminofen sorgt für Atmosphäre, der angegliederte Grundofen diente und dient manches Mal immer noch zum Brotbacken und zum Rösten der lokal reichlich geernteten »Maroni« (Esskastanien). Ein wohl nachträglich vorgenommener Durchbruch verbindet die Küche mit dem Wohnzimmer, von dem sich eine durch den Architekten geplante Stahlspindeltreppe nach oben schraubt. Die meterdicken Granit-Bruchsteinwände sind neu verputzt und geweißt worden, ohne ihnen dabei aber ihre Unebenheiten zu nehmen. Die Böden im Erdgeschoss wurden schon zum Schutz gegen aufsteigende Feuchtigkeit komplett erneuert und mit Terrakotta-Platten aus regionaler Produktion belegt, die sich bestens zum Mauerwerk fügen. Die ebenfalls weiß gestrichenen Innenwände im Obergeschoss erhielten zuvor einen neuen, glatten Verputz und helfen, die Belichtung der Zimmer zu verbessern.

Im einer der schönsten und zugleich urwüchsigsten Gegenden des Tessins gelegen, überzeugt das frühere Bauernhaus durch seine unglaubliche, fast vorzeitig wirkende Authentizität wie auch durch die dadurch geschaffene Wohnatmosphäre. Stimmungsvoller ist der Aufenthalt im Ferienhaus nicht zu denken.

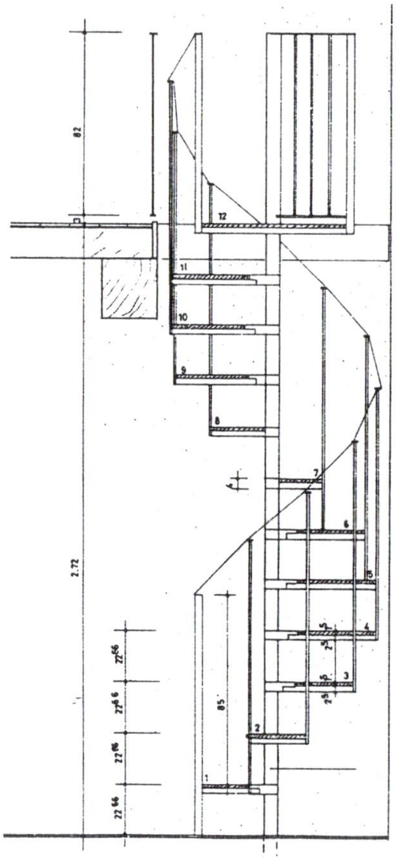

Schnitt Treppe

Links oben: Das Wohnzimmer im Erdgeschoss hat nun über die Spindeltreppe aus Stahl eine interne Verbindung zum Obergeschoss.

Links: Detailimpression im Schlafzimmer des Obergeschosses.

Rechte Seite: Wohnküche mit Kamin und neu eingebrachtem Fenster. Ganz links der Hauseingang.

Rechts: Detail von Portikus und Loggia.

Rechts unten: Blick von der Treppe in den Hof.

Linke Seite oben: Blick vom Schlafzimmer im Obergeschoss zur Loggia.

Linke Seite unten: Ausblick von der Loggia auf die Nachbarschaft.

Obergeschoss

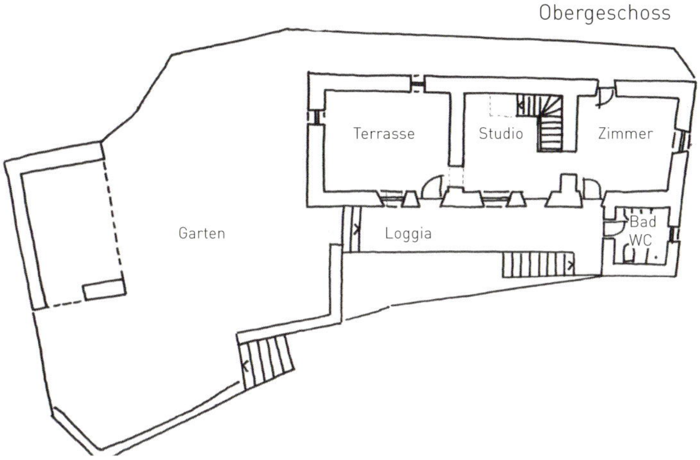

Erdgeschoss

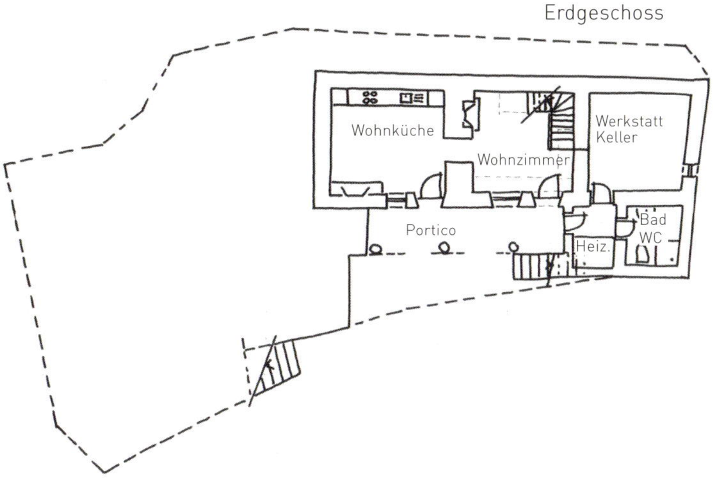

››› Baudaten

Standort: bei Avegno/Tessin
Renovierungszeitraum: 1994–1995
(6 Monate)
Grundstücksfläche: ca. 300 m²
Wohnfläche: ca. 100 m²
Baukosten gesamt: ca. 250.000 SFr

››› Adresse des Architekten

Christoph Zürcher
Via Vincenzo Vela 8
6600 Locarno
Schweiz
Telefon: 0041-(0)91-7517468
E-mail: ch.zuercher@ticino.com

››› Landschaftsintegration und Perfektion

Architekturkunst im Bregenzerwald

Mittlerweile europaweit und darüber hinaus beispielgebend, zeichnet sich die Vorarlberger Architekturschule nicht zuletzt dadurch aus, dass sie einen direkten Bezug zu der Landschaft und der Region sucht. Mit die renommiertesten Vertreter Vorarlberger Baukunst sind Helmut Dietrich und Much Untertrifaller, die im Übrigen unter anderem auch für die neuen Gebäude der Bregenzer Festspiele verantwortlich zeichnen. Wo hier die Verbindung zum Wasser hinsichtlich des Umfeldbezugs das beherrschende Thema ist, stellt sich ansonsten meist die Aufgabe, Architektur und Alpenlandschaft in zeitgemäßer Harmonie zusammenzuführen. Ein vorbildhaftes Beispiel dafür ist ohne Zweifel das Haus Kaufmann in Schwarzenberg.

UNTER TAGE ANS LICHT

Von der Talseite betrachtet, zeigt sich das zweigeschossige Haus als ausgesprochen klarer, in der Fassadengestalt bis zum Äußersten simplifizierter und gleichzeitig virtuoser Baukörper, der nur um eine unterhalb an der Zufahrtsstraße gelegene separate Garage ergänzt zu sein scheint. Doch der erste Eindruck täuscht: links des Tors befindet sich eine Türe mit direktem Zugang ins Wohnhaus. Über eine kaskadenartige Betontreppe gelangen die Eintretenden unterhalb des Erdbodens parallel zum Hangverlauf nach oben. Die steile Stiege erzeugt gerade durch ihre Rauheit eine sinnlich wahrnehmbare visuelle Sogwirkung. Der Beton ist lediglich geschliffen und weist keinerlei Beläge auf. Darin spiegelt sich zugleich die untergeordnete Funktion des Zugangsbereichs, innerhalb dessen auf halber Höhe ein Garderoben- und Lagerbereich zwischengeschaltet ist. Wandintegrierte Leuchten unterstreichen die Wirkung des Aufstiegserlebnisses, das in lichtgesättigte Wohngeschosse mündet.

ZWISCHEN WIESEN UND LANDSCHAFTSPANORAMA

Auf beiden Hauptgeschossen herrscht großzügige Helligkeit, dank der großzügigen Verglasung und der geschickten Lichtführung. Die jeweils über die gesamte Länge der Fassaden laufenden Glasfronten auf der östlichen Traufseite gewährleisten darüber hinaus, dass insbesondere die über die Berge scheinende Wintersonne die Räume bestmöglich erwärmt. Zwei Terrassen – einerseits auf der Ostseite dem Tal, andererseits auf der Westseite dem Hang zugewandt – sind dazu bestimmt, den Bezug zu Landschaft und Natur in größmöglicher Direktheit herzustellen.

Während die eher introvertierte Schlafebene sich westseits an den Hang »schmiegt«, fasziniert im Wohngeschoss

Rechte Seite: Gesamtansicht von der Hangseite mit der großen Terrasse.

Links: Gesamtansicht mit der Zufahrtsstraße.

die nahezu allgegenwärtige Durchgängigkeit im Inneren wie auch zwischen Innen- und Außenbereich. Der große Wohn-, Ess- und Kochraum wird durch den nach Tageszeit wechselnden Einfall der Sonnenstrahlen regelrecht gestaltet. Architektur und Licht ergänzen sich gegenseitig, um so zur vollendeten Wirkung zu gelangen. Eine wunderschöne Langbank entlang der östlichen Fensterfront schafft räumlichen Zusammenhang und vor allen Dingen reichlich Sitzplätze, um den unvergleichlichen Ausblick auf die Berglandschaft oft über Stunden auskosten zu können.

MODERNITÄT UND ERDGEBUNDENHEIT

Die Klarheit der Architektur wirkt niemals steril, sondern bleibt stets wohltuend bescheiden. Wohnlichkeit konstituieren unter anderem die Nussholzböden und die aus Weißtanne gefertigten Deckenverschalungen. Ansonsten zeigen sich die Innensichten der Räume – soweit nicht verglast – ganz in Weißtanne. Eine wirkungsvolle Farbbeimischung nahm die Bauherrin, Connie Kaufmann, durch die Wahl der geschmackvollen Einrichtung vor. Ganz im Stil und im Farbenkanon der Seventies gehalten, werden kuschelige »Sofalandschaften« zum zentralen Element des Wohnbereichs. Durch die Betonbrüstungen der Treppe untergliedert, setzt sich der Raumzusammenhang im nördlichen Koch- und Essbereich fort.

Das Haus ist für die Bauherrschaft der perfekte Ort, um von der anstrengenden Alltagsarbeit in der Businesswelt auszuspannen. Kaum woanders ist der zeitgemäße Traum vom Wohnen in den Alpen in derartiger Perfektion verwirklicht worden. Und dies unter weitestmöglicher Rück-

sichtnahme auf das bestehende Umfeld und Gelände, die letztlich erst das viergeschossige Architekturkonzept mit der eingegrabenen Treppe entstehen ließ. Die Landschaft behielt damit ihren ursprünglichen Charakter und verträgt sich aufs Beste mit der ebenso zeitgemäßen wie bodenständigen Architektur. Das Satteldach und die Lärchenholzverschindelung der Fassaden suchen den Bezug zur Umgebung, ohne Dagewesenes zu kopieren.

Oben: Ausblick vom Badezimmer mit völlig transparenter Nurglas-Duschkabine.

Oben links: Die Treppe zwischen Schlaf- und Wohnebene.

Linke Seite: Blick in den Kochbereich im Obergeschoss.

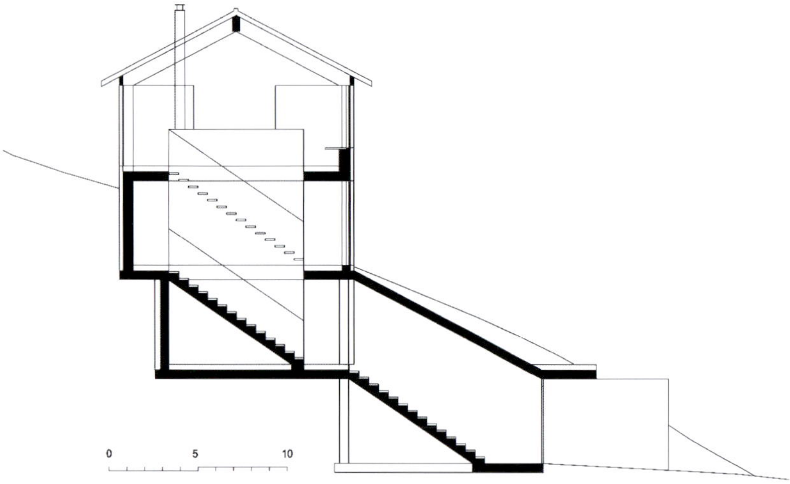

Schnitt

Rechte Seite: Der Blick in Längsrichtung verdeutlicht die Struktur der Wohnebene mit der Abfolge Wohnbereich, Essplatz, Treppenbrüstung und Kochbereich.

Unten: Drinnen und Draußen werden in diesem Haus eins. Die sich über die gesamte Länge des Raums erstreckende »Fenster-Bank« macht es möglich, den Ausblick unmittelbar zu erleben.

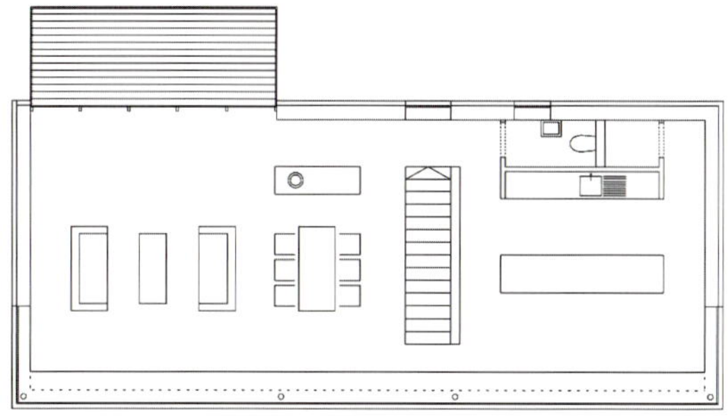

Obergeschoss

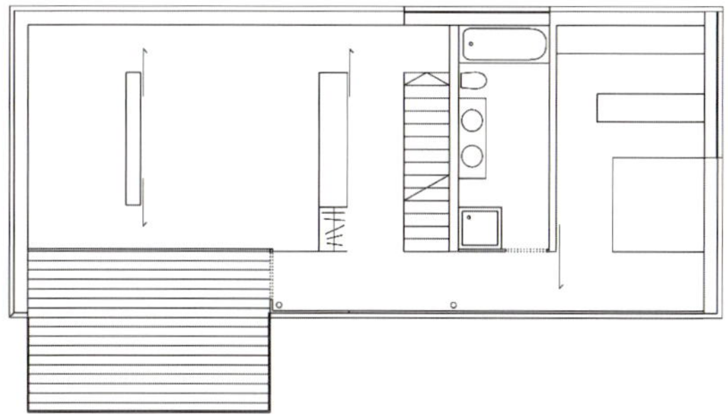

Erdgeschoss

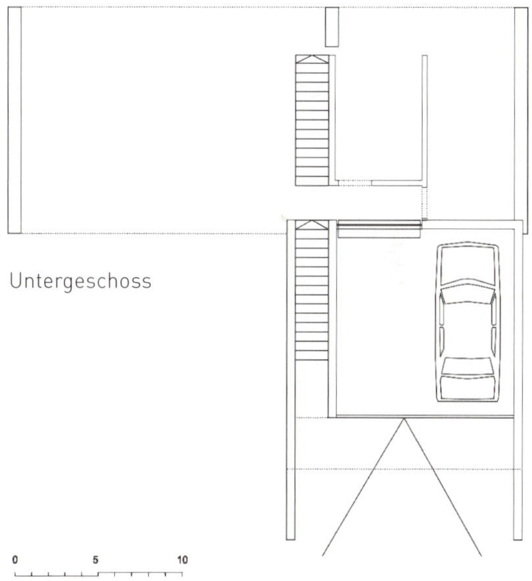

Untergeschoss

Oben: Frontalansicht des Einfamilienhauses. Der Eingang befindet sich im linken Teil der Garage.

Linke Seite: Die von Schindeln »gerahmten« Glasflächen bilden die Landschaft des Bregenzerwaldes ab.

››› Baudaten

Standort: Bregenzerwald/Vorarlberg
Bauzeitraum: 2003 (6 Monate)
Grundstücksfläche: ca. 663 m²
Wohnnutzfläche: ca. 151 m²
Baukosten: keine Angaben

››› Adresse der Architekten

Dietrich | Untertrifaller Architekten
Arlbergstraße 117
6900 Bregenz
Österreich
Telefon: 0043-(0)5574-78888
E-mail: arch@dietrich.untertrifaller.com
www.dietrich.untertrifaller.com

››› Wohnen an den Bergen

Ein Chalet auf der Lenzerheide

Region und Ort Lenzerheide sind ein seit Langem beliebtes, teils auch sehr mondänes Urlaubs- und Ferienziel. Aber auch hier finden sich, nur wenige Kilometer vom Ort entfernt, abgeschiedene Wohnsitze mit absolut ungetrübter und unverstellter Bergsicht. Versteckt auf einer Anhöhe zwischen großen Tannen und Lärchen befindet sich das ursprünglich in den 1950er Jahren errichtete Ferienhaus. Vor einigen Jahren von seinen heutigen Besitzern erworben, wurde es nach der Planung von Peter Calonder im Jahre 1999 zu einem ebenso schlichten wie beeindruckenden »Innenraum-Kunstwerk« umgestaltet.

ALTE FASSADENGESTALT MIT NEUEM AKZENT

Die äußere Gestalt des Hauses mit der großenteils kalkverputzten sowie mit Eckquaderungen versehenen Fassade veränderte sich im Zuge der Umbaumaßnahmen nur wenig. Das an die traditionellen Engadiner Hausformen angelehnte Gebäude besaß allerdings zum Zeitpunkt des Erwerbs eine angebaute Garage, auf die bei zwei weiteren vorhandenen Autoabstellplätzen sehr gut verzichtet werden konnte. Stattdessen entstand hier ein weitgehend neu gestalteter Lese- und Fernsehraum mit großzügiger Verglasung, der damit in einen gewollten Kontrast zur kleinteilig strukturierten Fassade tritt. Durch die neue Architektur erhält der Anbau den Charakter eines »Guckkastens«, der allerdings in zwei Richtungen funktioniert: Von draußen spiegelt sich die Bergsilhouette in den Scheiben, von drinnen ist sie für die Bewohner direkt im Blick.

GEKLÄRTER GRUNDRISS MIT ZEITGEMÄSSER INNENARCHITEKTUR

Im vorgefundenen Zustand war das Haus zwar bautechnisch betrachtet bewohnbar, allerdings hinsichtlich des Raumzusammenhangs unklar strukturiert und in der Materialität und im Formenkanon nicht zeitgemäß. Daher kam es zu einer sehr weit reichenden Neuordnung und zur Entfernung nahezu aller Ausstattungsteile. Dies konnte aufgrund des geringen Alters des Gebäudes und des Fehlens bauhistorischer Wertigkeiten ohne Probleme geschehen.

Links: Aus der früheren Garage wurde ein höchst stimmungsvoller Wohnraum mit großem Hebeschiebefenster und Drehflügelläden.

Rechte Seite: Gesamtansicht von Südwesten.

Links: Blick von der Ankleide in das Elternschlafzimmer.

Links unten: Der vordere Teil des Wohnraums mit Zirbelvertäfelung (Arventäfer) aus der Bauzeit.

Rechte Seite: Der offene Kamin im hinteren Teil des Wohnraums ist mit italienischem Schiefer eingefasst.

Wolfgang Ullrich
Mit dem Rücken zur Kunst
BILANZ LIFESTYLE
INTERIOR

Das vom Architekten Peter Calonder verantwortete und von der Bauherrschaft spontan angenommene Konzept der Neugestaltung beinhaltete unter anderem die Bildung eines tendenziell offen strukturierten Wohngeschosses im Parterre und eines darüber angeordneten Schlafgeschosses.

RÄUME MIT RÜCKZUGSCHARAKTER

Wand- und Deckenvertäfelungen orientieren sich an bäuerlich-ländlichen Handwerkstraditionen, zeichnen sich aber durch formale Zurückhaltung und Schmucklosigkeit aus. Das hierfür durchwegs verwendete massive Holz kommt dadurch mit seiner Materialqualität umso besser zur Geltung. Der »weiche« Charakter des Schlafgeschosses wird durch die dicken Naturwollbeläge der Böden in den Zimmern noch unterstrichen. Bei gleichzeitiger Anwesenheit der Kinder, die das Domizil ebenfalls sehr gerne nutzen, und der Enkelkinder tragen die Beläge zur Verbesserung der Trittschalldämmung bei.

Dem Schlafzimmer der Bauherren ist ein beim Umbau neu gestaltetes Bad zugeordnet, das warmes Holz mit sachlichem satiniertem Glas kombiniert.

WOHNLICHE KLARHEIT

Die Hauptfassade und alle wichtigen Räume sind nach Südwesten ausgerichtet, um den bestmöglichen Ausblick und die optimale Belichtung zu erreichen. Ein Mittelgang trennt im Erdgeschoss die Wohnräume vom Treppenhaus und von den Funktionsräumen. Der öffentlichere Charakter dieser Wohnebene manifestiert sich schon in der Wahl

des Natursteinbelags, der im Übrigen auch für Erschließungsbereiche wie Treppenhaus und Flur im Obergeschoss eingesetzt ist. Traditionell in der Region als Baumaterial gebräuchlicher schwarzer Schiefer bildet den ruhigen visuellen Unterbau für die von Massivholz geprägten Wände und Decken.

In einer der Traumlandschaften der Alpen gelegen, wirkt das Ferienhaus trotz seiner Ortsnähe abgeschieden und eingebunden in die Natur. Weite offene Bergwiesen und Bergnadelwald bilden den Rahmen für die fantastische Bergsicht. Innenräume mit größter architektonischer Klarheit schaffen eine in höchstem Maße individuelle Wohnatmosphäre.

Oben: Die Küche im Erdgeschoss mit Edelstahlfronten und Abdeckung aus italienischem, geschliffenem Schiefer.

Oben links: Blick vom Schlafzimmer zum WC mit satinierter Glastüre.

Linke Seite: Im großen Badezimmer.

Ansicht

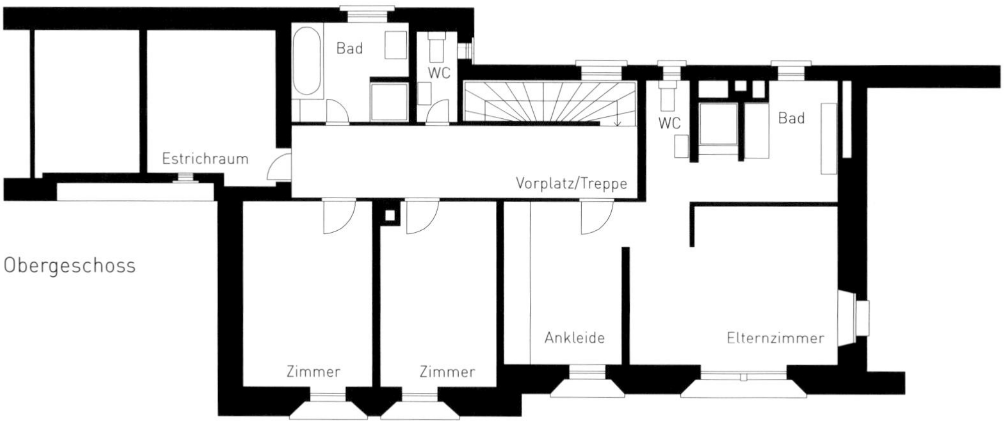

Obergeschoss

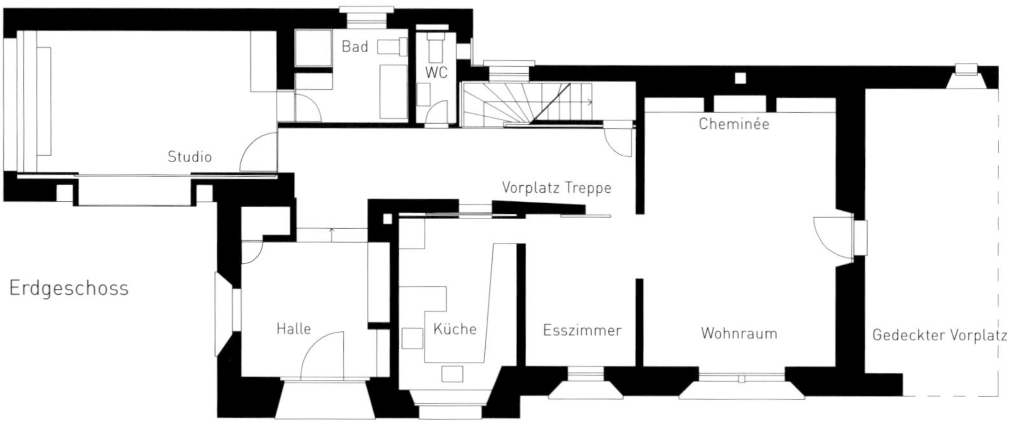

Erdgeschoss

Blick von der Terrasse auf den Oberhalbstein.
Dahinter das Engadin.

››› **Baudaten**

Ursprüngliche Erbauungszeit: 1950er Jahre
Umbauzeitraum: 1999
Grundstücksfläche: ca. 2.000 m²
Wohnfläche: ca. 170 m²
Baukosten gesamt: keine Angabenn

››› **Adresse des Architekten**

Peter Calonder
7414 Fürstenau
Schweiz
Telefon: 0041-(0)81-6514194
E-mail: calonder@pc-ar.ch
www.pc-ar.ch

››› Ensemble aus Alt und Neu

Eine Turmhaus-Scheune im Domleschg

Nicht so überlaufen wie manch anderer Teil der Bündner Alpen, finden sich im rechtsrheinischen Domleschg noch eine Reihe von Ortschaften, die ihren traditionellen Charakter bewahren konnten. Hier fehlen ausgedehnte Neubaugebiete, die sich mittlerweile andernorts zum Problem entwickelt haben. Das Dorf Almens mit seinen zwei Kirchen am Hang zum Rheintal präsentiert sich bei der Annäherung wie auch bei der Durchfahrt als über Jahrhunderte langsam gewachsene, intakte Alpensiedlung mit traditionellem und weitgehend unverfälschtem Baustil und Landschaftsbild. Unmittelbar gegenüber der katholischen Kirche im Oberdorf hat sich die Familie Rampa Ruch situiert, die dort ein wunderschönes Hausensemble erwerben konnte – ein wohl aus dem 17. Jahrhundert stammendes Bündnerhaus mit einer ebenfalls bemerkenswerten Scheune etwas späterer Entstehungszeit. Gemeinsam ist beiden nicht nur ihr nahezu originaler Erhaltungszustand, sondern auch ihre regional typische Mischbauweise aus Bruchsteinmauerwerk und Holzbohlen.

DENKMALPFLEGE DURCH ZUBAU

In enger Abstimmung mit der Kantonalen Denkmalpflege entwickelte der mit der Bauplaung betraute Architekt Peter Calonder ein perfekt auf die Wertigkeit des Gebäudeensembles und die Vorstellungen der Bauherrschaft zugeschnittenes Konzept: Das bestehende, weithin auf dem Komfortstand von vor 100 Jahren verbliebene Wohnhaus sollte danach zunächst gar nicht angetastet, sondern nur bautechnisch gesichert werden. Die Wohnnutzung befindet sich heute stattdessen in der umgenutzten Scheune und einem modernen, turmartigen Anbau in reiner Holzbauweise. Die Bauherren trugen diese Lösung nicht zuletzt auch deshalb vollen Herzens mit, da für sie – von Beruf Restauratoren – der Erhalt und die Wiederherstellung historischer Bausubstanz ihr täglich Brot und ihr Herzensanliegen ist.

ZWEI SEITEN EINER KOSTBARKEIT

Die historische, straßenseitige Eingangsfassade der Scheune blieb – sieht man von der Erneuerung eines Fensters im Obergeschoss in den alten Abmessungen ab – praktisch völlig unverändert. Auf der Talseite mit dem Vorplatz, der früher als Wirtschaftshof gedient hatte, fügte man die Erweiterung an. Die Architektur mit der großzügigen Befensterung und Belichtung und der ausgeprägten formalen Eindeutigkeit zeigt ihren modernen Ursprung, passt sich aber hinsichtlich der Konstruktion, der formalen Einfachheit und der eingesetzten Materialien an die Scheune

Links: Teilansicht der ehemaligen Stallscheune mit traufseitigem Balkon

Rechte Seite: Der Neubauteil der Scheune mit dem nicht umgebauten Wohnhaus (rechts).

an. Die Fichtenholzfassade soll mit der Zeit grau werden und auf diese Weise noch enger mit dem Bestand zusammenwachsen. Auch ansonsten ist der Zubau von der gewollten Rauheit der verwendeten Baustoffe geprägt, wertvoll oder gar künstlich wirkende Materialien wie polierter Granit oder Marmor hätten die besondere Harmonie der Gebäude und des Orts nur gestört.

RAUMSTIMMUNGEN MIT LICHT MODULIEREN

Da die Bauherren oft für längere Zeit zusammen beruflich unterwegs sind, tut der Aufenthalt in ihrer »neuen alten Scheune« jedes Mal wieder besonders wohl.
Im Erdgeschoss des Neubaus, der gleich einem Scheunentor geöffnet ist, empfängt ein regengeschützter Freibereich mit dem Hauseingang. Südseits entstand beim Umbau eine Art ebenerdiger Laubengang, der in Teilen von dem neu geschaffenen Balkon überspannt wird. Dem Laubengang und der Außentreppe des alten Wohngebäudes zugeordnet, zeigt sich der Vorbau nach außen geschlossen und variiert damit den Formenkanon des Vorhandenen. Gleichzeitig schützt er die darunter eingezogene, großflächig verglaste Fassade. Von diesem Freibereich im ersten Gschoss geht es direkt in den sonnenverwöhnten Ess- und Kochbereich über, dessen Belichtung aber bei Bedarf durch einen geschosshohen Holzschiebeladen geregelt werden kann. Ein über Eck gezogenes schmales Fensterband in der Kochecke berücksichtigt genau die Augenhöhe der Hausherrin, die somit immer die schönste Landschaftskulisse und den unteren Kirchturm des Dorfes vor Augen hat. Einen bewusst zurückgezogeneren Charakter besitzt der nordöstlich anschließende Wohn-

raum, die Sonnenstrahlen fallen hier durch die Holzfassade vielfach aufgefächert und gemildert in den Raum. Nach hinten nimmt die Lichtintensität fast unmerklich ab. Die Sitzecke bietet insofern den besten denkbaren Ruheplatz, dessen Stimmung im Winter noch durch den neu eingebauten Kamin verstärkt wird. Die Massivholzdielen des Wohngeschosses unterstreichen die gefühlte behagliche Atmosphäre.
Hinsichtlich der Übung »Bauen im Bestand« ohne Zweifel ein architektonisches Wagnis, entstand hier doch ein höchst gelungenes und stimmiges Miteinander von alter Scheune und neuem, sonnenhungrigem Anbau. Dies gelang so gut, dass die Erweiterung beim Durchfahren des Dorfs – obgleich im Grunde nicht zu übersehen – zunächst gar nicht bewusst wahrgenommen wird. Was für ein schöneres Lob könnte es für einen solchen Umbau geben!

Oben: Gesamtansicht vom oberen Kirchplatz.

Linke Seite links: Ansicht des alten Wohnhauses von Süden.

Linke Seite rechts: Der Neubauteil mit Balkon und gedecktem Eingangsbereich. Die große Verglasung im Obergeschoss lässt sich durch den Schiebeladen vollständig schließen.

Linke Seite oben: Beim Kochen ist der untere Kirchturm immer im Blick.

Linke Seite unten: Blick aus dem Wohnraum in die Wohnküche.

Rechts: Treppenraum mit anschließender Ankleide auf dem obersten, vierten Niveau.

Rechts unten: Großes Fenster gegen Südosten mit Essplatz.

Zweites Obergeschoss

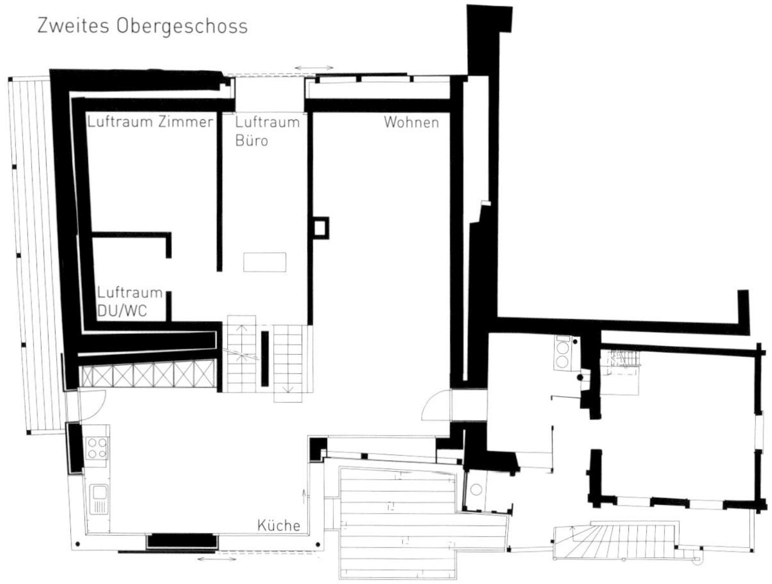

Erstes Obergeschoss

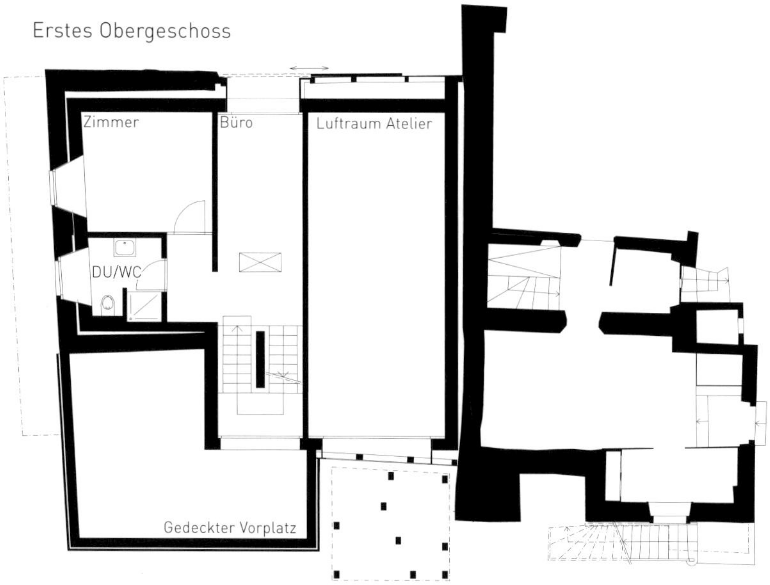

Erdgeschoss

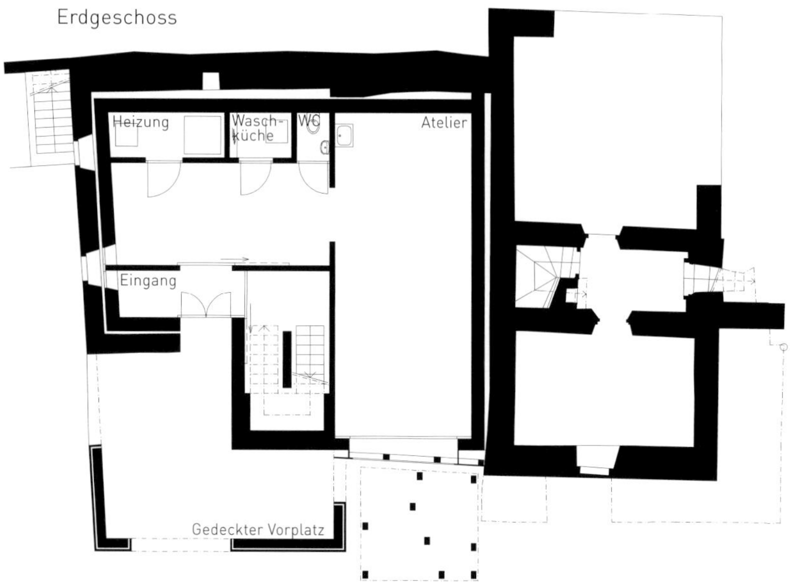

››› **Baudaten**

Standort: im Domleschg/Graubünden

Uspründliche Erbauungszeit der Scheune: um 1800

Bauzeitraum: 2002–2003

Grundstücksfläche: ca. 700 m²

Wohnfläche gesamt: ca. 200 m²

Baukosten gesamt: keine Angaben

››› **Adresse des Architekten**

Peter Calonder
7414 Fürstenau
Schweiz
Telefon: 0041-(0)81-6514194
E-mail: calonder@pc-ar.ch
www.pc-ar.ch

Drittes Obergeschoss

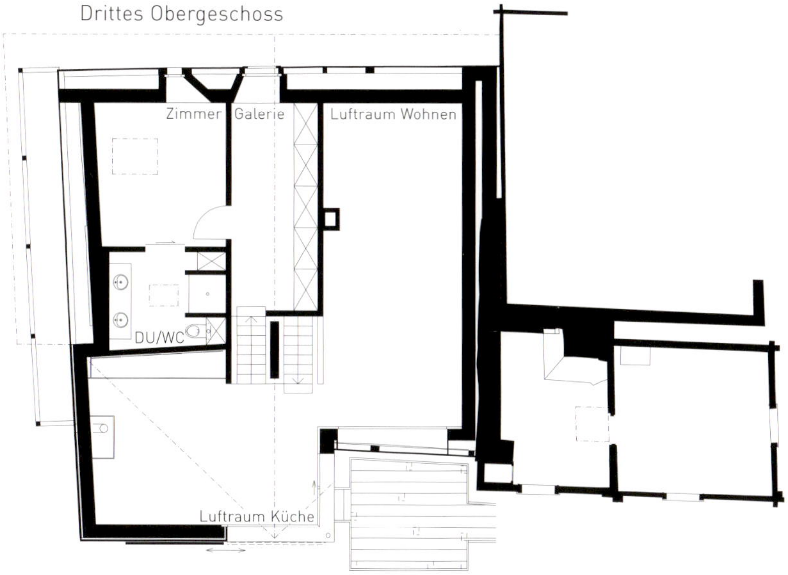

Ansicht

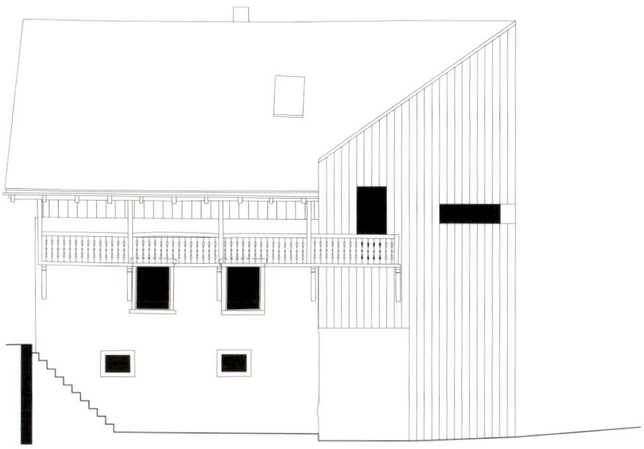

Schnitt

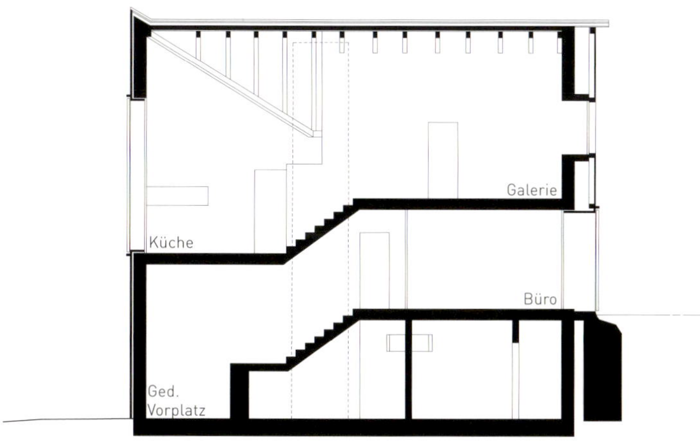

Detail der Scheunen-Nordfassade.

Blick in die nordseitige Eingangszone.

>>> Eine Bleibe im Stadel

Scheunenumbau zum Wohnen

Umbauten ehemaliger landwirtschaftlicher Wirtschaftsgebäude werden im Zuge der sich wandelnden Agrarwirtschaft immer häufiger. Selten jedoch wird die Aufgabe so gut gelöst wie in diesem Fall. Für den Architekt und letztlich auch die engagierten Bauherren, die Familie Mani-Müller, stand der möglichst weitgehende Erhalt der historischen Bausubstanz ganz oben auf der Prioritätenliste. Selbstverständlich galt es ungeachtet dessen, im Inneren des Hauses für eine heutigen Ansprüchen angepasste Belichtung zu sorgen. Hier ging man jedoch nach dem Leitsatz vor, lieber erst einmal weniger Öffnungen zu schaffen und dann im Lauf der Zeit zu sehen, ob hier und dort noch Anpassungen der Fassade stattfinden sollten.

HERGEBRACHTE STRUKTUREN BEWAHREN

Neben der Bohlenfassade, in die sozusagen ein neuer Baukörper eingeschrieben ist, blieb auch das alte Traggerüst fast vollständig erhalten. Die aus Blockbohlen bestehenden Innenwände sind nur partiell zum Zweck notwendiger Türöffnungen und einer Verbesserung der internen Lichtführung angepasst worden. Die Böden im Wohngeschoss bestehen aus wunderbar fußwarmen, nur abgeschliffenen und geölten Blockbohlen, die wie der große Rest der vorhandenen Strukturen noch aus der Erbauungszeit stammen. Neue Bauteile wie Türen sind in massivem Holz ausgeführt, um den hochwertigen und einfachen Grundcharakter der Architektur richtig zu interpretieren.

LICHTSTREIFEN UND BERGPANORAMA

Bedingt durch die Bauweise der äußeren Hülle mit waagerecht übereinander angeordneten Rundbohlen und Belüftungszwischenräumen war von vorneherein das die Innenräume bestimmende »Lichtmuster« vorgegeben. Diese waagerechten Lineaturen wurden dann insbesondere auf der östlichen Eingangsseite und der westlichen Trauffassade zu Fensteröffnungen erweitert. Das in den Westgiebel eingeschnittene Fensterband zeichnet den Höhenverlauf der gegenüber liegenden Bergkette mit ihren meist schneebedeckten Gipfeln nach. Im Bereich der Schlafzim-

Links: Ansicht der Giebelseite mit dem direkten Zugang zum Wohngeschoss.

Rechte Seite: Blick entlang der Traufseite mit dem in Teilen erneuerten Balkon und dem »Kellereingang«.

mer und Kinderzimmer, die sich nordseits befinden, dürfte in der Zukunft sicherlich noch der eine oder andere Ausschnitt hinzukommen. Von der dem Osteingang zugeordneten Küche geben um den Ofen angeordnete Glasbänder sogar von hier die Aussicht frei.

WOHNEN AUF DER SONNENSEITE

Südseits ist der dort vorhandene Balkon, der sich – anders als manch neues Pendant – durch stimmige Proportionen und Details auszeichnet, mit neuen Bauteilen im alten Stil ergänzt worden. Dem durch den Dachüberhang geschützten Balkon direkt zugeordnet sind sowohl die Küche als auch der große Wohnraum, der eine offene Raumbeziehung mit dem »Kinderreich« unter dem Dach bildet.

Die großen Deckenhöhen ermöglichten es, auch in den eigentlichen Kinderzimmern jeweils noch eine zweite Etage einzuziehen, die später zum Spielen oder Schlafen genutzt werden kann. Mittels filigraner Rundstähle an den Decken aufgehängt, wirken diese Galerien wie schwebende Plattformen.

Obgleich kein Denkmalstatus vorlag, gingen Planer und Bauherren beim Umbau des ehemaligen Stadels sehr behutsam vor und bezeugten so ihren Respekt vor der alten Scheune und den gewachsenen Bautraditionen. Wo in manch anderem Fall die Abrisskolonne angerückt wäre, schuf man hier im Alten etwas völlig Neues mit hoher Qualität. Der gewonnene Raumeindruck und die unvergleichliche Atmosphäre sind der Lohn für diesen Einsatz.

Oben: Das stimmungsvolle, durch Blockbohlenwände geprägte Wohngeschoss mit Gang und Ofen.

Linke Seite: Blick vom Gang in die Wohnküche.

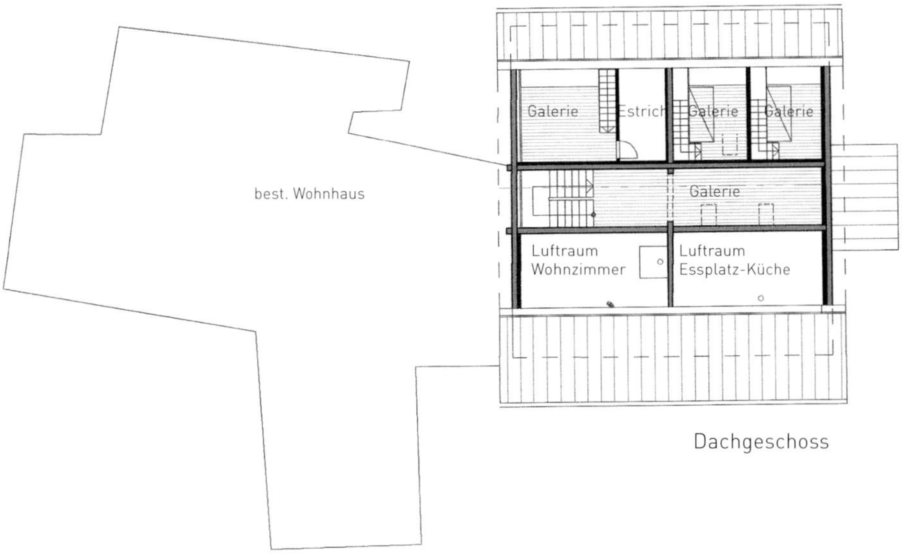

Dachgeschoss

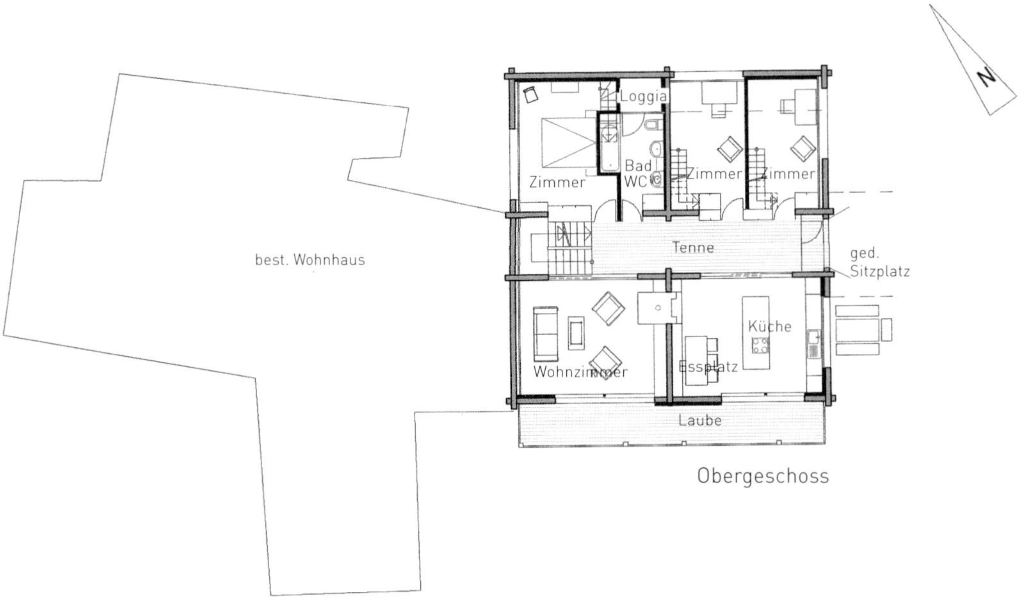

Obergeschoss

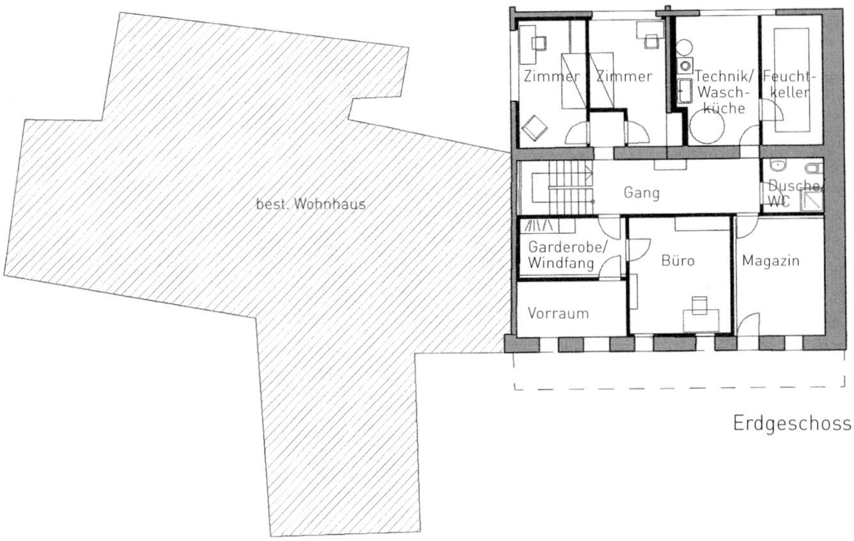

Erdgeschoss

Oben und Mitte: Detail des Balkons und der Giebelfassade mit Sitzplatz.

Unten: Gesamtansicht mit den Schamser Bergen im Hintergrund.

››› Baudaten

Standort: Pignia/Schams
Ursprüngliche Erbauungszeit: um 1850
Umbauzeitraum: 2002–2004
Grundstücksfläche: ca. 690 m²
Wohnfläche: ca. 240 m²
Baukosten gesamt: ca. 595.000 Euro

››› Adresse des Architekten

Ivano Iseppi
Canovastraße
7430 Thusis
Schweiz
Telefon 0041-(0)81-6510440
E-mail: iseppi.arch@bluewin.ch
www.iseppi-urbanplus.ch

››› Im Tal vor den Gipfeln

Ein ehemaliger Gutshof im Salzburger Land

Detail der Eingangsfassade mit dem Tennengebirge im Hintergrund.

Die für Ferienaufenthalte wie auch für Zweitwohnsitze sehr beliebte Bergregion des Pongaus im Salzburger Land besitzt eine Reihe von Anziehungspunkten, die eine Wohnsitznahme höchst attraktiv machen. Hierzu zählen neben der relativen Nähe zur beliebten Landeshauptstadt natürlich die vielfältigen Möglichkeiten des Wintersports und die Schönheiten der Natur. Im Tal der Salzach in weithin freier Wiesenlandschaft gelegen, ist das Anwesen der Familie Haas in eine Streuobstwiese mit uralten Apfelbäumen eingebettet. Vom Haus aus geht der Blick weit über das Tal und auf das Tennengebirge im Norden und Nordwesten.

ATMOSPHÄRE STATT LUXUS

Bei dem Anwesen handelt es sich um den mittlerweile sehr selten gewordenen Fall eines Wohnhauses, das nicht nur die äußere Form, sondern auch die Grundrissstruktur der Erbauungszeit weitgehend bewahrt hat. Vor einigen Jahren schon einmal beinahe aufgegeben, erschien es den Eigentümern und den Verantwortlichen des Landeskonservatorats letztlich als so schützenswert, dass eine – wie der Augenschein nachdrücklich belegt – mehr als erfolgreiche behutsame Sanierung und Restaurierung unternommen wurde. Der Schwerpunkt lag aufgrund der besonderen vorhandenen Wertigkeiten weniger darauf, um jeden Preis möglichst hohen Komfort und technische Standards wie etwa eine hoch effiziente nachträgliche Wärmedämmung umzusetzen, sondern die außergewöhnliche Wohnatmosphäre und die kunstgeschichtlichen »Schätze« zu bewahren.

ALPENIDYLLE OHNE KITSCH

Urprünglich im Besitz des Klosters (Bischofs-)Hofen, entstand das so genannte Thiersattelgut wohl im 16. Jahrhundert aus einem noch größeren Hof. Auch Teile der

Die Gesamtansicht zeigt die charakteristische Mischbauweise und die mittige Erschließung von der Giebelseite.

baulichen Grundanlage dürften bereits auf diese Zeit zurückgehen, wenngleich im Barock eine Reihe von Veränderungen an den Fassaden und bei der Gestaltung der Innenräume vorgenommen wurde.
Schon an der Größe und dem Gestaltungsreichtum der Eingangsfassade ist die historische Wohlhabenheit des Hofs abzulesen. Zwei übereinander angeordnete, geraniengeschmückte Balkone mit historistischen Stilmerkmalen, die mittig situierte barocke Rautentüre und die insgesamt formal sehr einheitliche Fassadeneinteilung mit den geputzten Fensterumrahmungen bestimmen die Wirkung. Das Erdgeschoss ist in Bruchsteinmauerwerk erbaut, die Wände der oberen Geschosse bestehen aus Blockbohlen.

Links oben: Die Treppe zum Obergeschoss.

Rechts oben: Der stimmungsvolle Wohnflur mit Sitzplatz beim Hauseingang.

Links und rechts unten: Der von beiden Giebelseiten erschlossene Flur teilt den Erdgeschossgrundriss in Hälften.

Der alte Bauernhof weist allseits einen beträchtlichen Dachüberstand auf. So ist für den in diesen rauen Breiten unabdingbaren Witterungsschutz gesorgt. Im Unterschied zu modernen »Adaptionen« des alpenländischen Bauernhauses bleibt der Dachüberstand hier in einem formal stimmigen Rahmen. Die flache Neigung des mit Granit-Bruchsteinen beschwerten Schindeldachs sorgt ihrerseits dafür, dass der Schnee im Winter liegen bleibt und eine wärmende Schutzschicht bildet. Vor der Sanierung regnete es an mehreren Stellen durch, ehe dann insgesamt mit Lärchenschindeln neu gedeckt wurde. Wie moderne Dachdeckungen besitzt auch diese althergebrachte Variante bei guter Ausführung eine Haltbarkeit von mehreren Jahrzehnten. Ein auch schindelverschaltes Glockentürmchen bildet gleichsam als Dachreiter den oberen Firstabschluss und gleichzeitig die »Krönung« der Eingangsfassade.

WUNDERVOLLE WOHNATMOSPHÄRE UNTER STUCKDECKEN

Das breit gelagerte, für das Pongau typische Mittelflurhaus mit sechs Achsen ist im Inneren sehr klar strukturiert. Vom Gang zweigen linker und rechter Hand die Zimmer des Erdgeschosses ab. Eine in den Flur eingestellte Holzstiege aus der Erbauungszeit führt zum Obergeschoss, dessen Zimmer nach und nach saniert werden sollen. Der Flur ist im vorderen Bereich ausgesprochen geräumig und wird deshalb von der Familie Haas im Sommer und in der Übergangszeit sehr gerne als weiterer Wohnraum genutzt. Eine antike Eckbank und dazu passende Stühle vor der gekalkten Wand machen das Eck beim Eingang ebenso stimmig wie einladend. Die Räume besitzen überwiegend noch die aus dem Barock stammenden stuckierten Decken mit einfachen Rosetten. In der »guten Stube«, dem Arbeitsraum, wärmt ein großer Kachelofen Mensch und Haustier. Die drei Katzen haben sich hier ganz nahe an der Wärmequelle ihren Lieblingsplatz auserkoren. Gekocht wird auf dem alten, gemauerten Aufsatzherd.

Der alte Hof im Pongau lebt in starkem Maße davon, dass seine Vergangenheit heute noch so gut nachvollzogen werden kann. Dies ist umso bemerkenswerter, als es sich hier nicht um ein restauriertes Ausstellungsobjekt in einem Bauernhausmuseum, sondern um ein bewohntes und noch dazu außergewöhnlich stimmungsvolles Gebäude handelt. Die Eigentümer haben hier mit Unterstützung des Landeskonservatorats tatsächlich etwas Außergewöhnliches mit viel Wohnatmosphäre geschaffen.

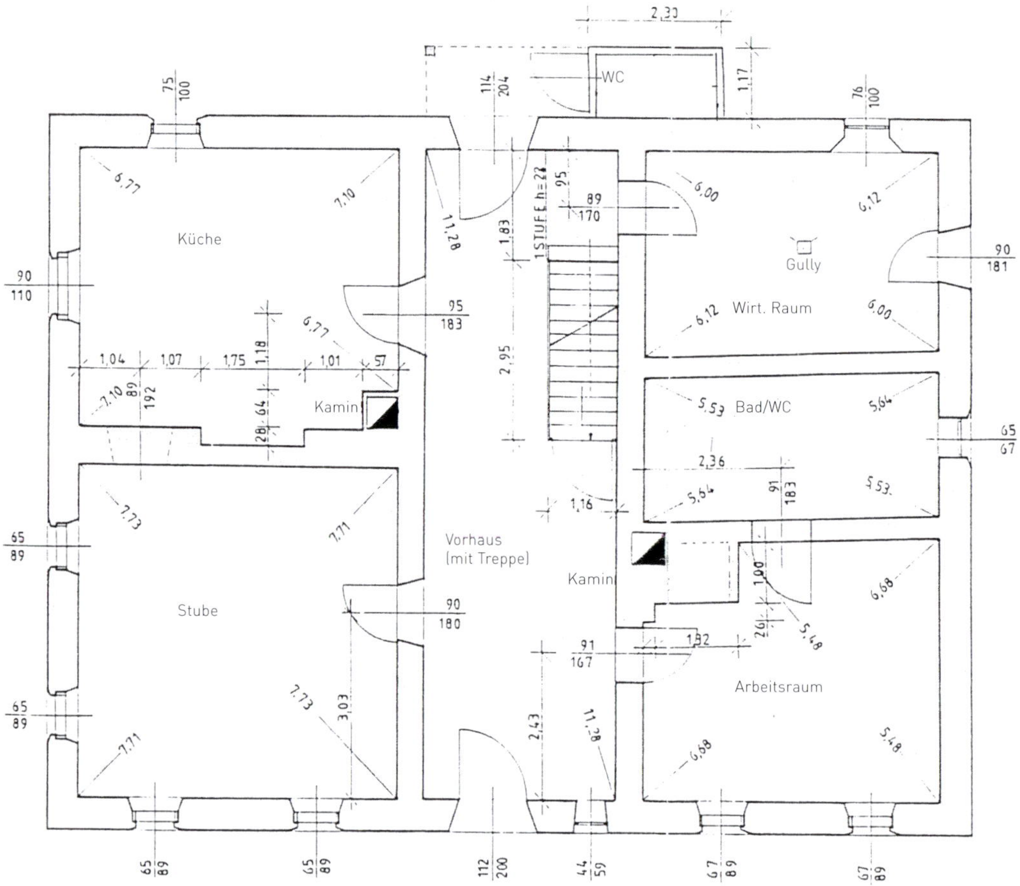

Erdgeschoss

Oben: Das Dach ist mit Lärchenschindeln neu gedeckt, der frei stehende Backofen wieder aufgebaut worden.

Linke Seite links: Blick vom Nachbarhaus auf den früheren Bauernhof und das Tennengebirge.

Linke Seite rechts: Detail der Eingangsfassade mit der barocken Rautentüre.

››› **Baudaten**

Standort: Pongau/Salzburger Land
Ursprüngliche Erbauungszeit:
Wohl 16. Jahrhundert, nachfolgend Umgestaltungsmaßnahmen in barocken und auch historisierenden Formen
Sanierungszeitraum: 1995–2004 (in Etappen)
Grundstücksfläche: ca. 10.000 m²
Wohnfläche: ca. 200 m²

Historisch Wohnen im Montafon

Ein früherer Gastwirts-Bauernhof als Traumdomizil

Gleich anderen baugeschichtlichen Schätzen wartete auch das heutige Domizil der Familie Maier lange Jahre auf seine Rettung und Wiederherstellung. Seit dem Jahr 1964 unter Denkmalschutz stehend, dauerte es noch mehrere Jahrzehnte, bis die »Alte Krone« saniert und wieder mit Leben erfüllt werden konnte. Andrea und Gerhard Maier hatten sich auf der Suche nach einem stimmungsvollen Wohnsitz schließlich zur Sanierung des ehemaligen, noch von rätoromanischen Kennzeichen geprägten Dorfgasthofs entschlossen, der zuvor 30 Jahre leer gestanden hatte. Bei dieser Renovierung handelte es sich nicht nur um einen einfachen Umbau, sondern um nichts weniger als um die Rettung eines vom Verfall bedrohten Kulturschatzes. Das allein hätte als Motivation für dieses aufwändige und mit beträchtlichem Arbeits- und Finanzaufwand verbundene Unterfangen allerdings kaum ausgereicht; am überzeugendsten wirkte am Ende die eigene Ausstrahlung des Bauwerks mit dem Blick auf die Berge – Steinwand im Westen beziehungsweise Tschaggunser Mittagsspitze im Süden –, die beeindruckend archaisch wirkende Architektur und die erhaltenen »inneren Werte«, die das Wohnen in diesem Haus als besonders attraktiv erscheinen ließen.

EIN HAUS ALS LEBENDIGER SPIEGEL DER GESCHICHTE

Wie bei den meisten alten bäuerlichen Gehöften insbesondere im Montafon üblich, war der Ursprungsbau deutlich kleiner als der heutige Zustand und entwickelte sich nach Art eines baulichen »Konglomerats«. Ursprünglich war wohl bereits im 16. Jahrhundert (mit hoher Wahrscheinlichkeit im Jahr 1567) ein erster Teil des aktuellen Gebäudes erstellt worden, nämlich die heute von den Maiers bewohnte Partie im Süden mit Stube und Esszimmer. Später verputzte man die Holzkonstruktion mit Kalkmörtel. Nordseits, wo heute die beiden Wohnungen untergebracht sind, war wohl im 18. Jahrhundert in Fachwerkkonstruktion erweitert worden. Hier legte man bei der Sanierung das Pfosten- und Riegel-Werk wieder frei. Im Westen be-

Links: Der Hauseingang mit der im Lauf der Jahre ausgetretenen Treppe aus Natursteinblockstufen.

Rechte Seite: In der Gesamtansicht wird deutlich, dass der von der Familie Maier bewohnte Teil links des Eingangs einer früheren Bauepoche angehört als der als Strickbau errichtete rechte Trakt, in dem sich heute vermietete Wohnungen befinden.

fand sich ein zuletzt angebauter Stall mit Holzlager, in dem heute gekocht wird. Hinter den Wandvertäfelungen laufende Glasschiebetüren verbinden oder trennen je nach Bedarf Küche und Esszimmer – ein besonders gutes Beispiel dafür, wie hier sorgfältige Bewahrung und zeitgemäßer Komfort eins werden.

Im Äußeren und beim Tragwerk erfolgte eine bewusst bewahrend ausgerichtete Sanierung, bei der – soweit nicht freigelegt – Putze erneuert, Hölzer angestückt oder ausgetauscht sowie die Dachdeckung komplett mit den traditionellen Fichtenschindeln erneuert wurden.

Vor Beginn der Arbeiten erstellten Architekten des Bundesdenkmalamts ein genaues Aufmaß und ein Raumbuch mit Beschreibung, Plänen und Fotografien der vorliegenden Wertigkeiten. Gemeinsam legte man die Nutzungsaufteilung und die Umbau- und Sanierungsmaßnahmen fest. Die Eingabeplanung oblag dann dem Hausherrn, seines Zeichens diplomierter Baumeister.

AUSSTATTUNG AUF HÖCHSTEM NIVEAU

Die Innenausstattung ist ebenso hochwertig wie individuell, ihre Restaurierung bedurfte aber einer eingehenden Vorbereitung und hohem Arbeitseinsatz. Zu den aufwändigsten Arbeiten zählten der Ausbau, die Restaurierung und der Wiedereinbau der teilbemalten Wand- und Deckentäfer, der von der Familie selbst geleistete Wiederaufbau des maroden Kachelofens in der Stube und die Neuverlegung des Bodenbelags im Flur aus alten Bruchsteinplatten. Sämtliche vorhandenen Fenster mit ihrer für die regionale Baugeschichte typischen filigranen Sprossung, den Schiebern und separaten Lüftungsflügeln konnten nach der Aufarbeitung wieder eingebaut werden. Um die charakteristische Fassadengestalt zu bewahren und gleichzeitig die erzeugte Wärme auch im Haus zu halten, wurde innen beziehungsweise außen zu Kastenfenstern aufgedoppelt.

Die drei Wohnräume des Erdgeschosses werden durch ein wundervolles Kaminzimmer im Obergeschoss ergänzt, das an der Stelle des früheren Heubodens entstand. Die Befeuerung des Stubenofens mit alter Kochstelle im Flur des Erdgeschosses setzt sich hier oben fort. Südseits befinden sich Schlafzimmer und Bad, im Dachspitz ein kleines Büro mit weitem Ausblick.
Dieses in höchstem Maß stimmungsvolle Domizil im äußeren Montafon erzählt nicht nur die Geschichte von über 450 Jahren, sondern stellt auch alpenländisches Wohnen auf höchstem Niveau dar. Die Familie Maier hat sich hier einen Wohnsitz abseits des Montafoner Skizirkus geschaffen, der das Gebirgspanorama so ungestört wie vor Jahrhunderten genießen lässt.

Oben: Der Natursteinbelag im Flur musste bei der Sanierung komplett herausgenommen und anschließend wieder neu verlegt werden.

Linke Seite links: Sitz- und Leseplatz in der Stube.

Linke Seite rechts: Die Stube mit dem in Eigenleistung wieder aufgebauten Ofen, der außergewöhnlich schönen Deckenvertäfelung und dem Zugang zum Flur.

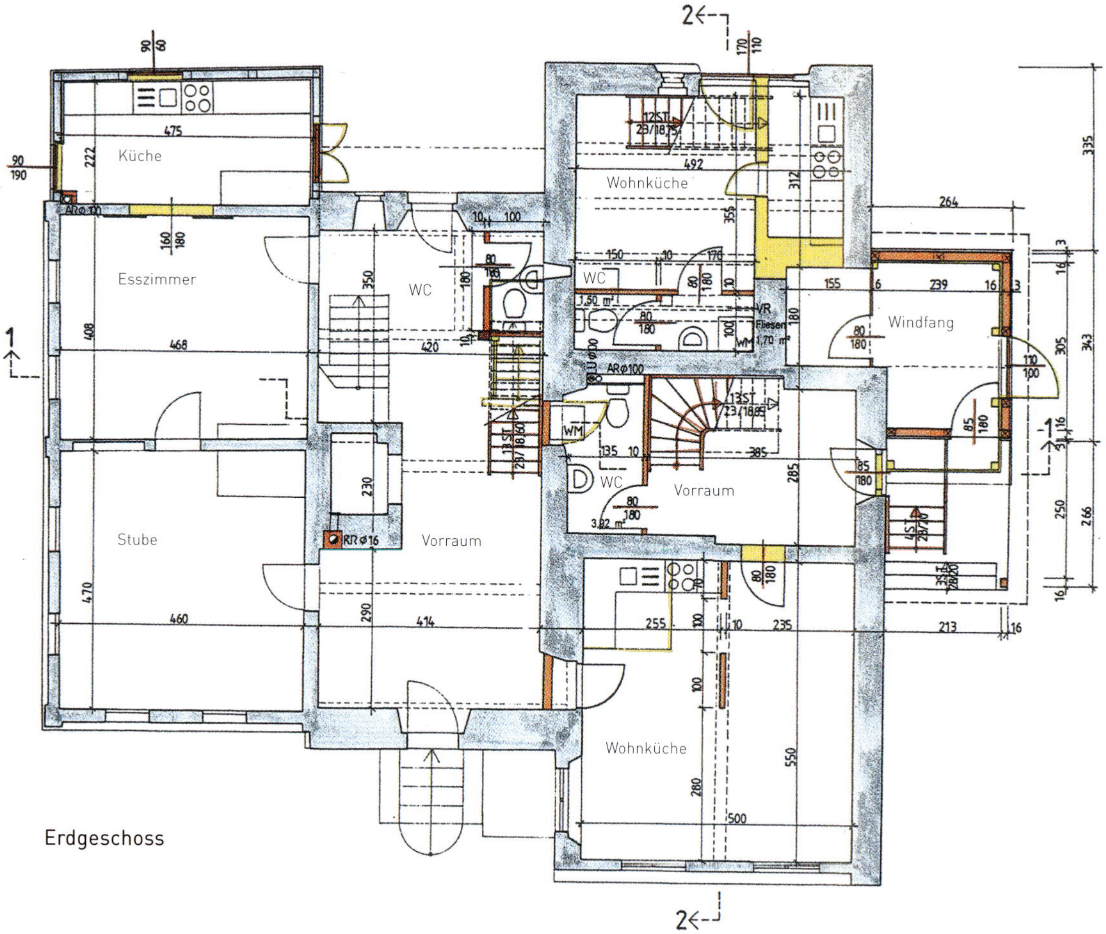

Erdgeschoss

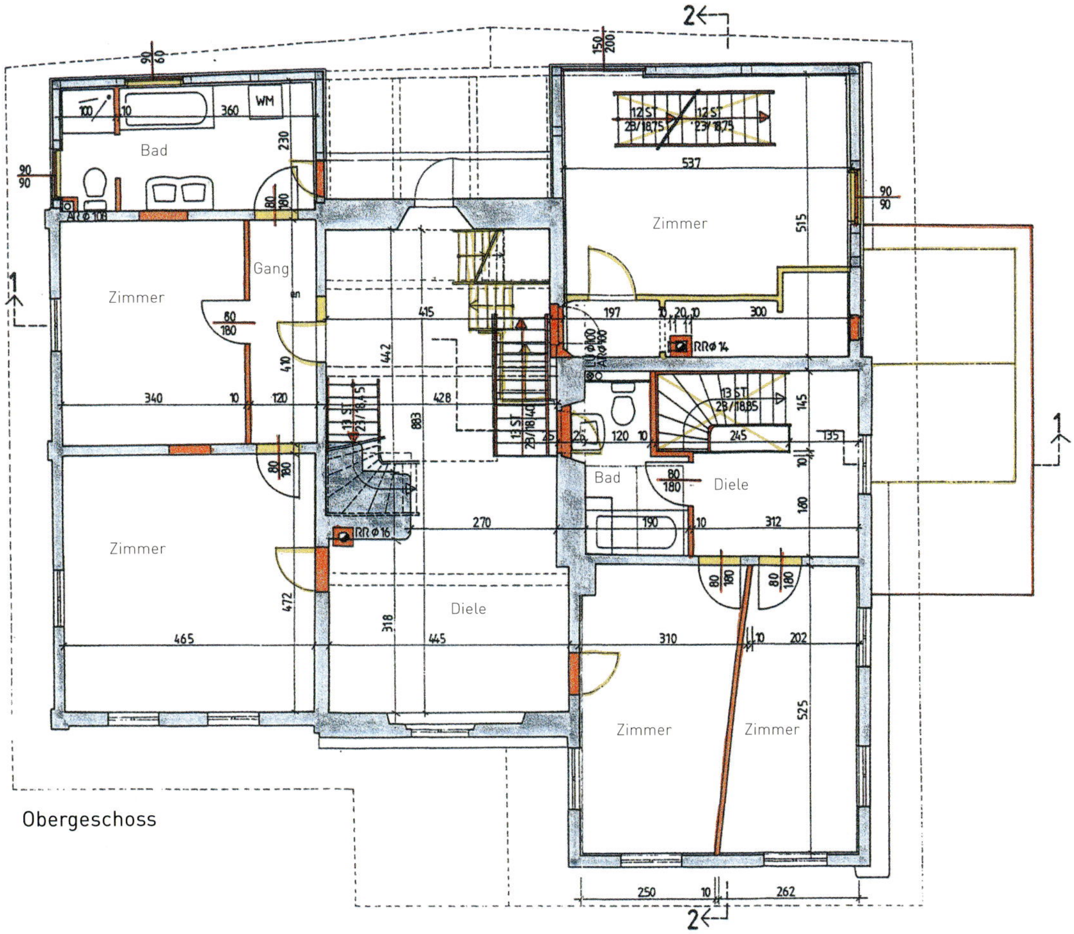

Obergeschoss

Rechts: Von der Küche aus ist über eine Fenstertüre die windgeschützte Sonnenterrasse zugänglich. Unterschiedliche Fassadenmaterialien lassen die einzelnen Bauperioden ablesen.

Linke Seite: Gesamtansicht mit dem »Hausberg«.

Oben: Großzügig ausgebautes Obergeschoss mit Durchgang zum Schlafzimmer.

Oben rechts: Blick durch die Glasschiebetüren zwischen Küche und Esszimmer.

Rechte Seite oben: Der Wohnbereich im Obergeschoss mit beträchtlichen Raumhöhen.

Rechte Seite unten: Ausblick vom Schlafzimmerfenster aufs Dorf. Das Fenster ist eine alten Bautraditionen nachempfundene handwerkliche Neuanfertigung.

››› Baudaten

Standort: im Montafon/ Vorarlberg
Ursprüngliche Erbauungszeit: um 1567, große Erweiterung um 1744 und verschiedene kleinere Umgestaltungen
Renovierungszeitraum: 1998–1999
Wohnfläche: ca. 190 m² Eigennutzung sowie zwei Wohnungen mit 80 und 72 m²
Baukosten: ca. 450.000 Euro
Förderung: durch das Land Vorarlberg (Programme Althaussanierung und Kulturförderung) und das Bundesministerium für Unterricht und kulturelle Angelegenheiten

››› Adresse der Eigentümer

Andrea und Gerhard Maier
Dorfstraße 34
6773 Vandans
Österreich
Telefon: 0043-(0)5556-74796
E-mail: gm@bauwerk.at
www.bauwerk.at

››› Weißes Wunder vor Bergmassiv

Ein Haus am Hang

Ursprünglich als Natursteinhaus gedacht, fiel bei dem Anwesen von Romano Iseppi schon in einem frühen Planungsstadium die Entscheidung für Massivbauweise mit verputzter Fassade. Die nach Fertigstellung erreichte Eindeutigkeit des weißen Hauses bestätigt die – nicht zuletzt aus Kostengründen getroffene – Entscheidung im Nachhinein nochmals nachdrücklich.

LANDSCHAFTSNAHER KONTEXT

In dem gewählten Bereich der Bauzone war von dem Eigentümer und seinem Architekten, Ivano Iseppi, großes Fingerspitzengefühl gefordert. Hoch über dem Tal gelegen und hoch aufragend, scheint das Haus schon fast in das östlich aufragende Bergmassiv hineinzuwachsen. Trotz des faszinierenden unmittelbaren Blickbezugs zeigt sich das Haus aber keineswegs als Fremdkörper in der Landschaft, sondern stellt durch seine architektonische Wertigkeit sogar eine Bereicherung dar. Neben der neutralen Farbgebung tragen auch die naturfarbenbehandelten Holzfenster und Türen aus Lärche dazu bei, dass das Gebäude praktisch als Teil der Landschaft erscheint. Man könnte von einem unauffälligen Monolithen sprechen, der in seiner überzeugenden Klarheit mehr Anklänge an traditionelle Architektur als an die architektonische Beliebigkeit manches zeitgenössischen Hauses in der Umgebung aufweist.
In Art einer Dachlaterne konzipiert, erzeugen das nahezu ohne Überstand ausgeführte Satteldach und die im obersten Geschoss umlaufenden, regelmäßig untergliederten Fensterbänder einen leicht wirkenden Abschluss nach oben. So wirkt der Baukörper nicht etwa wie ein grober Klotz, sondern wie ein schlanker, sich nach oben verjüngender Turm.

Links: Von Norden betrachtet, wirkt das Bauwerk fast wie ein moderner Burgturm.

Rechte Seite: Gesamtansicht von Nordwesten.

Linke Seite oben: Impression des Wohnraums im Erdgeschoss mit Durchgang zur Küche (rechts) und zum Flur.

Linke Seite unten: Der Wohnraum ist geschickt zu der Nachbarbebauung hin abgeschirmt, bietet aber nach Westen einen freien Blick auf die Schamser Berge.

Rechts: Die Giebelverglasung macht das Schlafzimmer im Obergeschoss zu einem wahren Erlebnisraum.

Rechts unten: Blick vom Schlafzimmer auf den Balkon.

WOHNEN MIT PANORAMABLICK

Noch wichtiger ist aber die Sicht der Dinge von innen nach außen: Das westseits unter Dach situierte Schlafzimmer erscheint als modernes Turmgemach – mit allerdings reichlicher Belichtung –, das einen sagenhaften Rundumblick über die gesamte Bergwelt und das Tal bietet. Im Giebelspitz lässt sich der Lauf der Sonne am Tag vom Bett aus in seiner Gesamtheit nachvollziehen. Ein mittels einer Glaswand halb transparent abgetrenntes Badezimmer profitiert gleichermaßen von der wundervollen Belichtung des Dachgeschosses. Die im wahrsten Sinne ausgesprochen warme Ausstrahlung verstärken noch die in allen Zimmern verlegten Massivholzriemen aus Fichte. In ihrem einfachen und doch wertigen Materialcharakter sind sie für Schlafräume perfekt geeignet.

LICHTVOLLE RÄUME MIT AUSSENBEZUG

Auch im Erdgeschoss, das den Wohnraum sowie den Koch- und Essbereich vereinigt, prägen große Fensterflächen die Atmosphäre. Außen und Innen sind daher keine separierten Sphären, sondern erscheinen als zwei Seiten eines zusammengehörigen Ganzen. Westseits öffnet sich der nach Süden eher privat und geschlossen gehaltene Wohnraum zum Tal, sein Bodenbelag aus Lärchen-Massivholzdielen passt zum zurückgezogenen Charakter des Zimmers.
Der Koch- und Essbereich ist nach Süden transparent. Auf der Südseite erweitert eine Stahl-Glas-überdachte Terrasse den Essbereich in den Garten. Von hier bietet sich ein Ausblick auf die Schamser Bergwelt, der die Anstrengungen der Arbeitswoche vergessen lässt. In Nachbarschaft dazu wird in der Zukunft noch ein Pool entstehen.

Schwarzer Schiefer aus dem nahen Italien, der auf allen Fluren sowie in Küche und Essbereich eingebaut wurde, kontrastiert mit den kalkverputzen und mit weißer Kalkfarbe gestrichenen Wänden. Ein ganz aus gebürsteten Edelstahlbändern konstruiertes Treppen- und Brüstungsgeländer setzt einen kühlen Materialakzent, der sich von den ansonsten dominierenden »erdigen« Materialien abhebt. In gewisser Weise riskant hoch in den Hang gebaut, hätte bei falscher Ausführung sehr wohl ein nicht wieder gutzumachender Schaden für das Orts- und Landschaftsbild entstehen können. Dieses wundervolle Haus jedoch ist so gut platziert und formal so gelungen, dass es das Umfeld sogar noch bereichert. Im Äußeren wie im Inneren spielt hier das Leben mit der Landschaft die Hauptrolle.

Ganz oben: Blick ins Esszimmer und die anschließende Küche.

Oben: Der Sitzplatz im Freien ist der Küche direkt zugeordnet.

Linke Seite: Das auf der Südseite gelegene Bad profitiert immens von den großen Glasflächen.

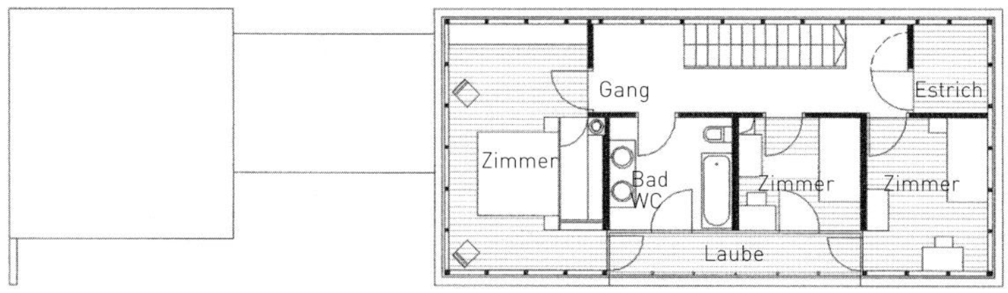

Obergeschoss

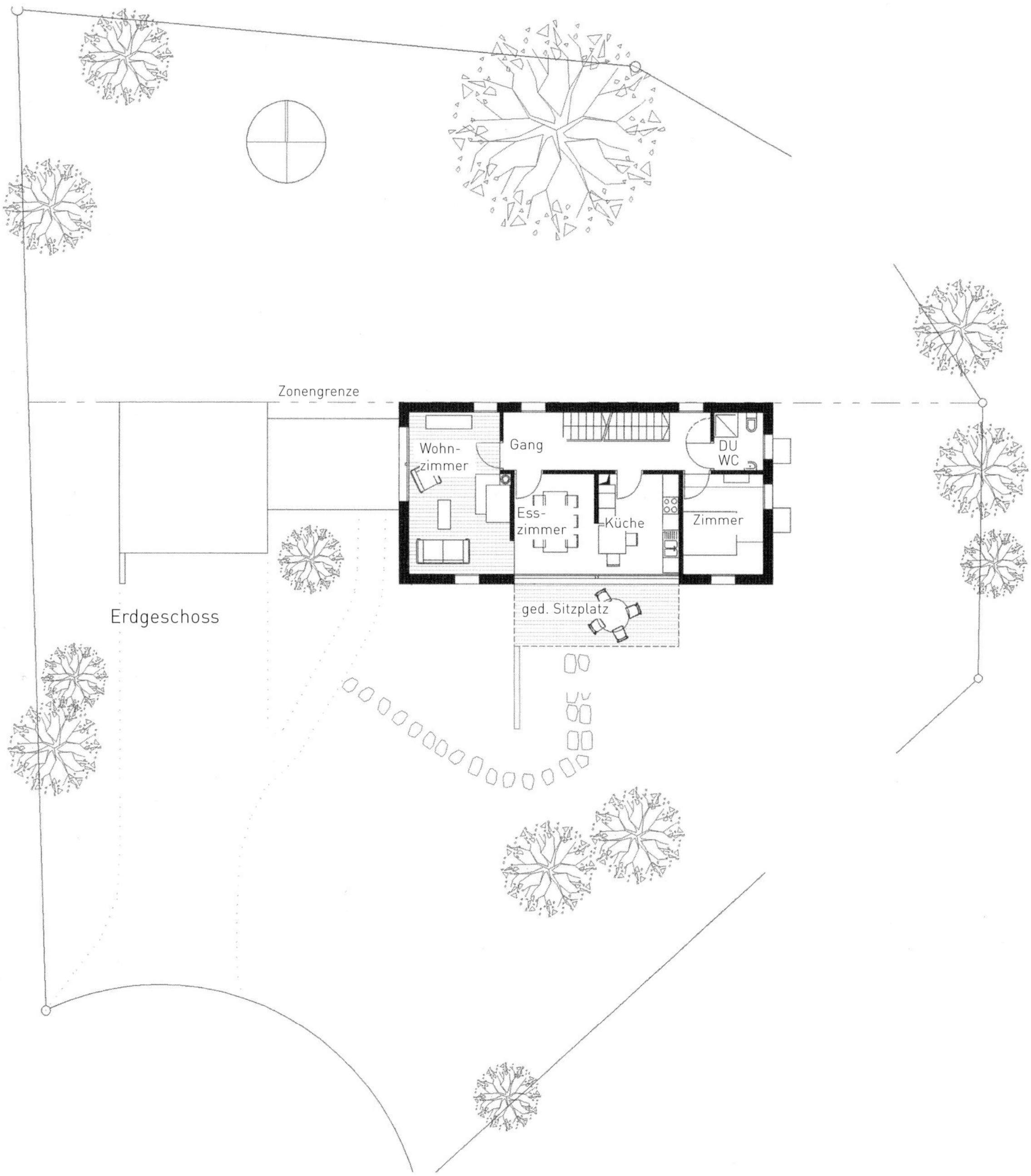

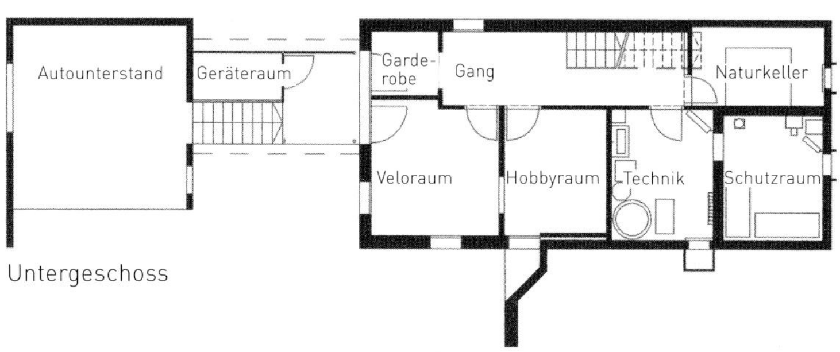

Untergeschoss

Ansicht der Südfassade von Südosten.

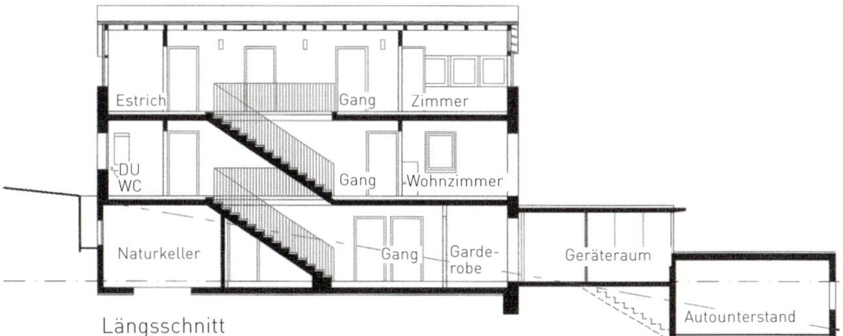

Längsschnitt

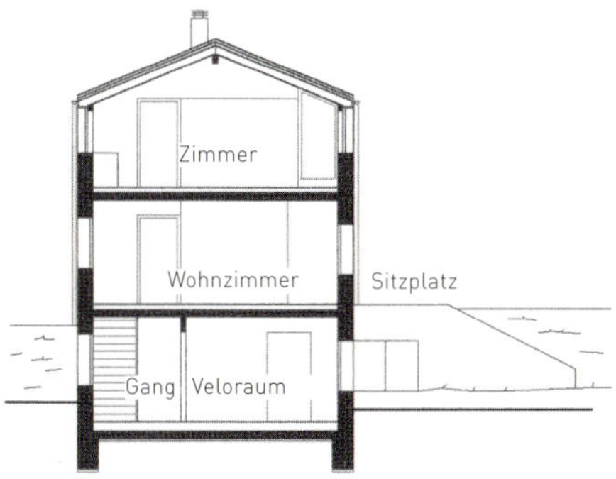

Querschnitt

>>> Baudaten

Standort: Pignia/Schams
Bauzeitraum: 2001
Grundstücksfläche: ca. 723 m²
Wohnfläche: 153 m²
Baukosten gesamt: ca. 626.000 SFr

>>> Adresse des Architekten

Ivano Iseppi
Canovastraße 13
7430 Thusis
Schweiz
Telefon: 0041-(0)81-6510440
E-mail: iseppi.arch@bluewin.ch
www.iseppi-urbanplus.ch

››› Das Haus der Durchblicke

Alpen-Architektur in Vollendung

Der Bregenzerwald ist zum dauerhaften Wohnen wie auch zum temporären Ferienaufenthalt sicherlich eine der Traumregionen in den Alpen. Das erste Argument zur Wohnsitznahme in diesem Teil Vorarlbergs ist zunächst die wunderschöne, sanfte und fast unberührt wirkende Berglandschaft ohne die in anderen Teilen des Alpenraums deutlich sichtbaren »Narben« des Tourismus und der Siedlungsentwicklung. Während sonst Hänge und Tallagen nicht selten mit Bettenburgen und Wohnhäusern im »Jodelstil« verbaut sind, erhielt sich hier eine überschaubare Bebauungsdichte und vor allen Dingen entstand in den letzten Jahrzehnten eine Architekturqualität, die weithin ihresgleichen sucht. Einen weiteren überzeugenden Beleg hierfür liefert das von den Architekten Helmut Dietrich und Much Untertrifaller geplante Haus von Michaela und Michael Jäger.

AUSBLICKE UND EINSCHNITTE

Auf einer Geländeterrasse und am Hangabfall zu einem Bachtobel errichtet, nutzte das Konzept der Architekten die Vorzüge der Lage optimal aus. Durch eine leichte Abdrehung aus der Nord-Süd-Achse kann die Südseite mit ihren großen Glasfenstern optimale Wärmegewinne erzielen und Licht in Fülle hereinholen, gleichzeitig bekommt das Haus lange Sonne von Westen. Außen liegende, unauffällige textile Verschattungen ermöglichen bei Bedarf die Steuerung des Lichteinfalls.

Große Fassadenöffnungen mit bündig in die Außenwände gesetzten Wärmeschutzgläsern einerseits und große, eingeschnittene Loggien andererseits stellen auf unterschiedliche Weise direkten Kontakt mit der Landschaft her. Die große Transparenz beider Geschosse trägt reichlich Helligkeit in die Wohn- und Schlafräume, ohne allerdings die Privatsphäre zu beeinträchtigen. Der unter das Südosteck eingezogene Hauseingangsbereich wurde vollständig verglast, wodurch zusätzlich das Treppenhaus mit erhellt wird. Und der Koch- und Essbereich ist gleichsam im Zentrum eines Lichtsogs situiert, dessen grandiose Wirkung sich aus zwei genau gegenüber liegenden Panoramafenstern auf der Nord- und der Südseite ergibt. So schaut man von außen durch das Haus hindurch in die Landschaft, als handelte es sich hier um immaterielle Architektur. Zur Auflösung alles Hermetischen und zur Entgrenzung aller architektonischen Starrheit trägt ferner das Spiel mit Fassadeneinschnitten bei, das hier in vollendeter Form demonstriert wird. Während die unter das Dach beziehungsweise das Erdgeschoss eingezogenen Terrassen auf

Links: Die Frontalansicht der Ostfassade zeigt das meisterhafte Spiel mit Durchblicken und Gebäudekubatur.

Rechte Seite: Gesamtansicht von Westen.

Oben: Blick vom Obergeschoss zum Eingangsflur.

Linke Seite oben: Der Wohn- und Essbereich.

Linke Seite unten: Die Treppe ist durch eine Glaswand vom Flur getrennt. Links ein in die Wand integriertes Abstellbord.

Lageplan

Rechte Seite: Ausblick vom »Kinderbalkon« des Obergeschosses in den verschneiten Bregenzerwald.

Unten: Hell und transparent: das Kinderbad im Obergeschoss.

der obersten und untersten Ebene in den Traufansichten noch Teil eines geschlossenen Ganzen sind, wächst die Landschaft in Gestalt der tief eingeschnittenen Wohngeschossloggia sozusagen in den Baukörper hinein.

RAUMAUSNUTZUNG UND RAUMGEFÜHL

Das Schlafgeschoss unterteilt sich wiederum in einen westlichen Kindertrakt und einen östlichen Elterntrakt, dem jeweils ein eigenes Badezimmer zugeordnet ist. Der Elternbereich wurde durch eine Trennwand und eine Türe visuell und akustisch von Flur und Treppenhaus abgetrennt. Dieses auf die Zukunft gerichtete Konzept wird sich vor allem dann bewähren, wenn die Kinder älter sind und ein wenig lauter Musik hören wollen oder einmal später nach Hause kommen. In sich Spiegel eines streng strukturierten Grundrisses, der den vorhandenen Raum bestmöglich nutzt, besitzen die drei Kinderzimmer und das Elternzimmer im Obergeschoss ein einziges, durchgehendes Fensterband. In Kopfhöhe eingebaut, ergibt sich hieraus eine reichliche Belichtung der Zimmer und Bäder, ohne von außen zu viele Einblicke zu bieten. Dieses Kunststück findet sich auch im Erdgeschoss verwirklicht, wo sich der Wohnbereich mit seinem Rückzugscharakter ganz bewusst durch eine geschlossene Fassade vom südlichen Nachbarhaus »distanziert«, nach Westen zum Bach und zur Landschaft hin aber durch große Glasfronten weit öffnet. Die Freibereiche erweitern die Wohnebenen jeweils um zwei zusätzliche Zimmer im Freien, die der Entspannung oder auch dem Erledigen von Hausaufgaben dienen können.

Das mit größter bautechnischer Perfektion ausgeführte Sehnsuchts-Haus der Familie Jäger passt sich mit seiner Verschalung aus Weißtanne und seinem Satteldach in wohl verstandener Demut an die Umgebung an. Mehr noch als das, holt es die Natur mittels der höchst durchdacht gesetzten Fassadenöffnungen und Fassadenausschnitte sogar ins Haus herein. Architektur und Landschaft verbinden sich in selbstverständlicher Harmonie.

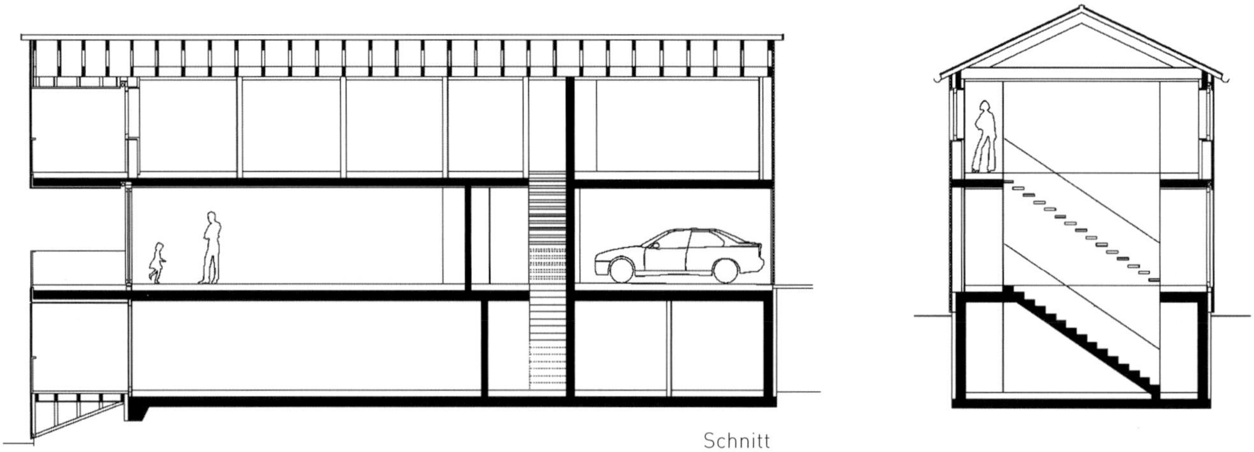

Schnitt

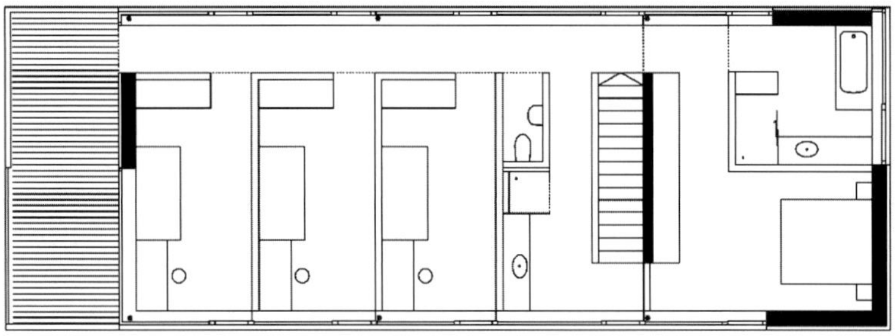

Obergeschoss

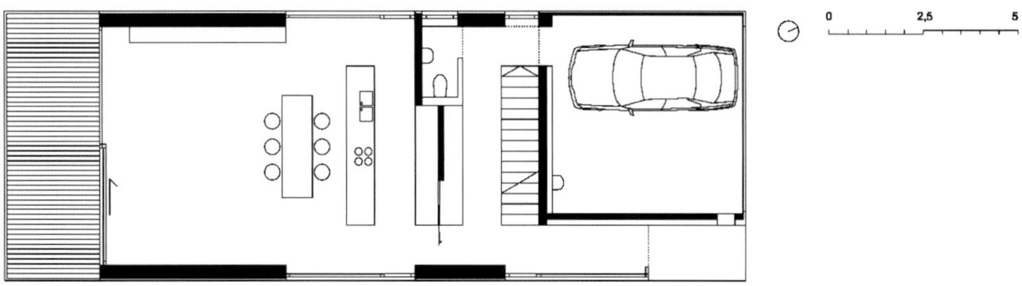

Erdgeschoss

Blick entlang der Ostfassade.
Rechts der verglaste Eingangsflur.

››› Baudaten

Standort: Bregenzerwald/Vorarlberg
Bauzeitraum: 2005
Grundstücksfläche: ca. 744 m^2
Wohnnutzfläche: ca. 160 m^2
Baukosten gesamt: keine Angaben

››› Adresse des Architekten

Dietrich | Untertrifaller Architekten
Arlbergstraße 117
6900 Bregenz
Österreich
Telefon: 0043-(0)5574-78888
E-mail: arch@dietrich.untertrifaller.com
www.dietrich.untertrifaller.com

››› Landschaftsgebunden und zeitgemäß

Das Allgäu-Traumhaus

Ansicht von Westen. Am südwestlichen Hauseck (rechts) ist die Übereckverglasung zu erkennen, die das Haus in besonderer Weise zur Landschaft öffnet.

Je nach individuellem Geschmacksempfinden mag die Vorstellung vom »Allgäu-Traumhaus« sehr unterschiedlich sein. Sicherlich denken viele hier zunächst einmal an ein renoviertes Bauernhaus (siehe hierzu das folgende Kapitel) oder vielleicht sogar an so manchen Neubau, dessen Gestalt eher auf einer Fehlinterpretation der regionalen Baugeschichte beruht. Hier soll es jedoch weder um eine Sanierung noch um ein hässliches Entlein, sondern ganz im Gegenteil um ein Vorzeigebeispiel des zeitgemäßen Allgäuser Hauses gehen.

INITIALZÜNDUNG MIT VERZÖGERUNG

Im Jahr 1998 wurde von Florian Aichers ROTIS-Forum ein Architektenwettbewerb ausgeschrieben, in dem das zeitgemäße Allgäu-Haus gesucht wurde. Der Entwurf von Angelika Blüml und Klaus Noichl überzeugte die Jury am meisten, da er traditionelle und aktuelle Architektur in einen optimalen Gleichklang brachte. Trotz des wohl verdienten 1. Preises dauerte es dann aber noch acht Jahre, bis der erste Vertreter des prämierten Konzepts bauliche Wirklichkeit werden konnte. Susanne und Alex Hackenberg sahen im Jahr 2004 das für den Wettbewerb erstellte Modell und entschieden spontan, dass genau dies ihr Traumhaus werden sollte. Den Bauherren gefiel besonders die Einfachheit, Geradlinigkeit und Durchdachtheit der Architektur wie auch des bau- und haustechnischen Konzepts. Selbstverständlich musste der Entwurf an die örtlichen Gegebenheiten angepasst werden: So gab das nach Westen und Südwesten abfallende Grundstück den Anstoß für die Split-Level-Bauweise mit dem westseitigen, gegenüber dem übrigen Erdgeschoss um etwa einen Meter abgesenkten Wohnbereich. Um die Sonnenstrahlen von Westen bestmöglich einfangen zu können, wurde hier das südwestliche Hauseck verglast ausgeführt. So blickt man beim Entspannen auf dem Sofa auf den nahen Waldrand und auf die Berge.

Ansicht der Südfassade bei Nacht.

BAUEN UND WOHNEN MIT LOKALEN WERKSTOFFEN

Sparsamer Umgang mit ökologischen wie auch finanziellen Ressourcen war eine der wichtigsten Planungsvorgaben. Die Verwirklichung dieser Zielsetzung gelang perfekt, indem man unter anderem nahezu das gesamte Bauholz in einem Wald vor der Haustüre an Ort und Stelle auswählte und am günstigsten Zeitpunkt um den 20. Dezember einschlagen ließ. Nach einer mehrwöchigen Kammertrocknungszeit konnte das Holz im darauf folgenden Frühsommer bereits verwendet werden, ohne dass ein nachträgliches Verziehen und Schwinden der massiv verbauten Hölzer zu befürchten war. Die 40 Zentimeter starken Außenwände bestehen samt und sonders aus massiven Vierkantbohlen ohne jegliche weitere Dämm- und Luftschichten. Auch das Tragwerk des Satteldachs stammt von den gleich nebenan gewachsenen Weißtannen, die im Übrigen der typische »Haus-Baum« der Region waren. Die für das Allgäu ebenfalls typische flache Dachneigung bewirkt, dass der meist reichlich fallende Schnee liegen bleibt und somit eine zusätzliche Dämmschicht abgibt. Die allseits beträchtlichen Dachüberstände bieten Wetterschutz und bewahren das Obergeschoss gleichzeitig vor sommerlicher Überhitzung. Filigran wirkende Stahlstreben sichern die Konstruktion gegen besonders hohe Schneelasten.

WOHNLICHES INNENLEBEN, WOHLIGE ATMOSPHÄRE

Die Restbestände des Weißtannenholzes konnten nach der Idee der Architekten auch für den Innenausbau, beispielsweise alle Riemenböden, und für den Bau des Raumteilers zur Küche und der Wandabdeckung am Essplatz Küche verwendet werden. Dies sparte nicht nur Finanzmittel, sondern verlieh dem Gebäude auch einen wohltuend einheitlichen Charakter.

Die Mitte des Hauses nimmt die Stahltreppe und ein darunter platzierter gemauerter Ofen ein, die zusammen mit einer Trennwand aus Glas den Ess- und Kochbereich visuell vom Wohnraum trennen. Der elektronisch gesteu-

Oben: Blick vom Wohnbereich zum Essplatz und zur Küche. Die »Ofen-Treppe« untergliedert das Erdgeschoss und entfaltet die Wirkung einer Wohnskulptur.

Linke Seite: Die Bauherren am ebenso einmaligen wie einladenden Essplatz. Tisch, Bank und Hocker sind nach individuellen Entwürfen aus heimischem Ahorn gefertigt.

erte Ofen ist nicht nur – wie im traditionellen Allgäuer Bauernhaus – Mittelpunkt des Wohnraums, sondern auch integraler Teil des Energiekonzepts. Zusammen mit den im Erdgeschoss der Südfassade montierten Kollektoren speist er einen zentralen Pufferspeicher, der die Wärme bedarfsgerecht über Wandheizungen abgibt. Die übrige Energie liefert die Sonne an klaren Wintertagen direkt über die großzügigen südseitigen Glasflächen. Dank der fugen- und winddichten Bauausführung bleibt es im Gebäude trotz der kalten Winter immer angenehm warm.

Die Oberstdorfer Architekten Angelika Blüml und Klaus Noichl verwirklichten hier für eine junge Familie ein Projekt, das die Kennzeichen des Allgäuer Bauernhauses aufnimmt und zum Teil eines vollkommen zeitgemäßen Architekturkonzepts macht. Heraus kam ein im besten Sinn einfaches, sparsames und schlichtes Gebäude mit höchstem Erholungs- und Rückzugswert, das mit der Berglandschaft einswird. Wenn man so will, also im besten Sinne ein Ferienhaus für alle Tage.

Oben: Der ungewöhnliche, aber höchst effektive Holz-Zentralofen beheizt nicht nur das ganze Haus, sondern schafft auch eine höchst stimmungsvolle Atmosphäre.

Linke Seite: Ausblick vom Badezimmer im Obergeschoss.

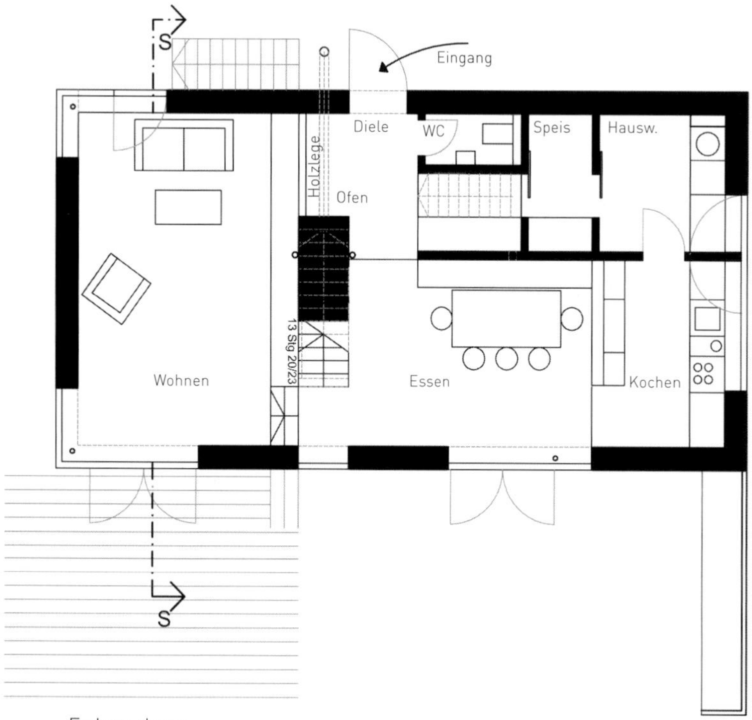

Erdgeschoss

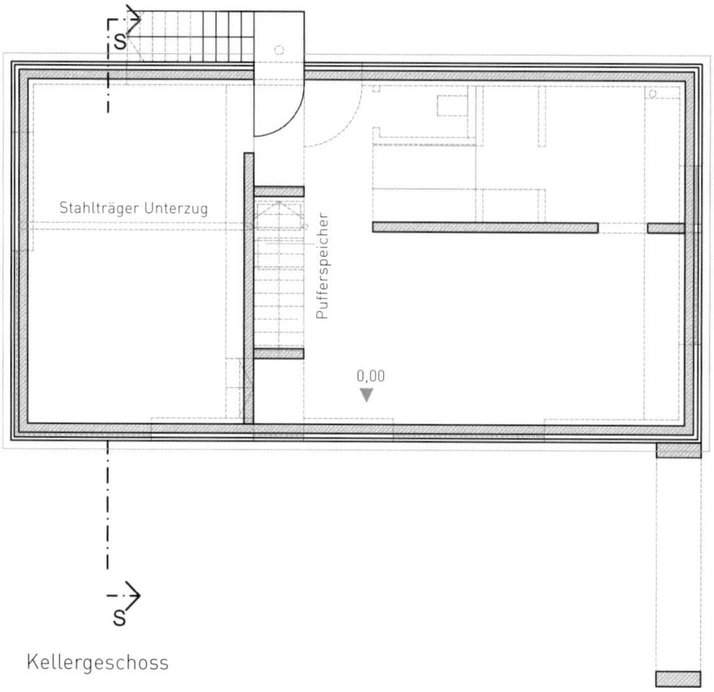

Kellergeschoss

〉〉〉 Baudaten
Standort: Oberstdorf (Ortsteil)
Bauzeitraum: 2005 (4 Monate)
Grundstücksfläche: ca. 500 m²
Wohnfläche: ca. 132 m²
Baukosten gesamt: ca. 220.000 Euro

〉〉〉 Adresse des Architekten
Noichl und Blüml
Angelika Blüml und Klaus Noichl
Am Dummelsmoos 41
87561 Oberstdorf
Telefon: 08322-966620
E-mail: info@noichl-blueml.de

Ansicht des Einfamilienhauses von Südwesten.

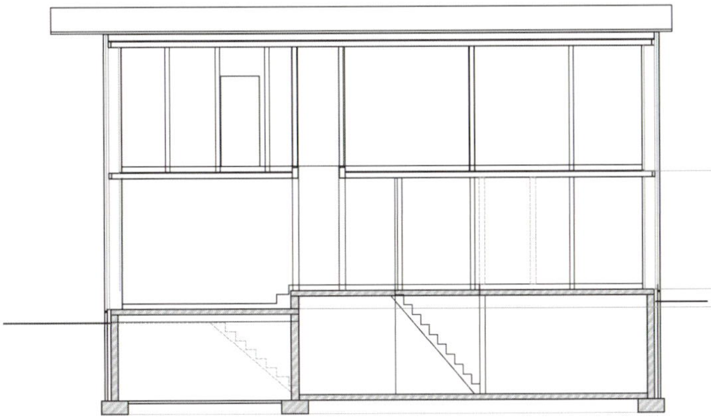

Längsschnitt

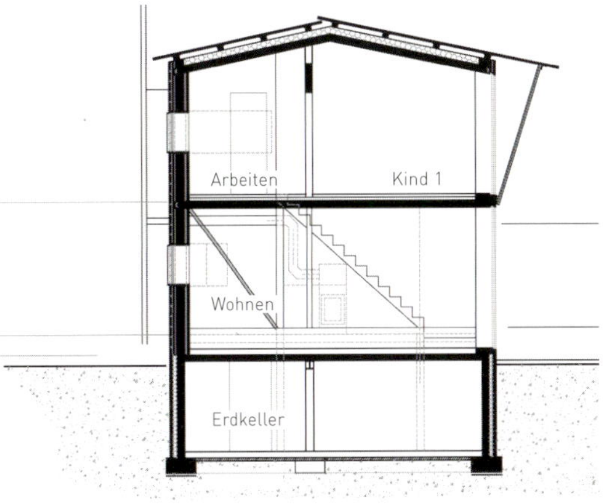

Schnitt

››› Mit neuem Wohn-Kern

Umbau eines Bauernhofs bei Oberstdorf

Idealer Ort zum Wohnen und fürs Sehnsuchts-Domizil gleichermaßen, besitzt das Kleinwalsertal und die angrenzende Landschaft eine enorme Anziehungskraft. Ob fürs Wandern, Langlaufen oder Alpin-Schifahren, ist man hier mitten drin in den Bergen und im Vergnügen. Nicht zuletzt die in der Gegend knapp gewordenen Siedlungsflächen legen es nahe, hier Wohnraum in ehemaligen Bauernhäusern zu schaffen. Das Beispiel der Familie Tröster zeigt, dass dies mit einiger planerischen Fantasie unter weitgehender Beibehaltung der baulichen Substanz fantastisch gelingen kann.

EINE DACHGESCHOSSWOHNUNG AUF VIELEN EBENEN

Als Anneliese und Martin Tröster sich für ein eigenes Domizil entschieden hatten, wurden sie beim im Familienbesitz befindlichen ehemaligen Bauernhaus in einem Ort bei Oberstdorf fündig. Der frühere Wirtschaftsteil war bereits einige Jahre zuvor vom Bruder durch einen neuen Anbau ersetzt worden, im Erdgeschoss des Wohntrakts lebt die Mutter. Gemeinsam mit ihren Architekten, Angelika Blüml und Klaus Noichl, entschieden sich die Bauherren für den Ausbau des Dachgeschosses, das zusammen mit dem Obergeschoss zu einer baulichen Einheit zusammengefasst wurde. Die Erschließung erfolgt über einen zweiten Zugang auf der Nordseite. Beim Eintreten führt die Treppe den Blick hinauf bis zum verglasten Dach, durch das die Sonnenstrahlen blitzen. Auf dem Niveau des historischen Obergeschosses befindet sich neben Schlaf- und Kinderzimmern die offene Küche, von der es über das Zwischengeschoss mit dem Essplatz ganz hoch ins Dachgeschoss geht.

DIE GLÄSERNE LOGGIA

Die neuen großflächigen Dachverglasungen erlauben es, im Haus fast wie im Freien zu wohnen und zu entspannen. Einen besonderen architektonischen wie auch energietechnischen Kunstgriff stellt die südseits im Dachgeschoss integrierte Loggia dar, deren gläsernes Schiebedach in der warmen Jahreszeit elegant entfernt werden kann. So bietet sich dann ein ungehinderter Ausblick auf den Allgäuer Hauptkamm. In der Übergangszeit wird der dann geschlossene, unbeheizte Wintergarten als angenehm temperierter Frühstücks- und Essplatz genutzt. Während des Winters dient der Bauteil überwiegend als Wärmepuffer beziehungsweise als Wärmespeicher. Daneben sorgen dachmontierte Sonnenkollektoren für die Heizungsunterstützung.

TRADITIONELLES GESICHT MIT PUNKTUELLEN VERÄNDERUNGEN

Abgesehen von den für die Verbesserung der Belichtung und die Schaffung der Loggia notwendigen Anpassungen des Dachbereichs blieb die äußere Gestalt des Bauernhauses nahezu unverändert. Die Fassade aus Schuppenschindeln brauchte lediglich partiell saniert werden, der Großteil der Fenster und der – nun in dunklem Rot statt Braun gehaltenen – Klappläden wurde im Bereich der Dachgeschosse erneuert. Auf der östlichen Giebelseite war bereits ein Erker vorhanden, der nur leicht verändert wurde. Dem Elternschlafzimmer zugeordnet, verbessert er sowohl die Aussicht auf die Berge als auch die Belichtung des Raums erheblich.

WOHNERLEBNIS MIT HOLZ UND GLAS

Die beim Umbau eingezogene Zwischenenebene ermöglichte es, im darunter liegenden Teil des Obergeschosses größere Deckenhöhen zu verwirklichen. Die Schlafräume mit den alten Holzdecken besitzen demgegenüber bewusst einen eher zurückgezogenen Charakter. Im Bad, das durch Antiquitäten, weiße Fliesen und Terrakotta-

Die Ansicht zeigt die behutsame Anpassung der Fassaden mit dem interessanten Erker im Dachgeschoss.

platten geprägt wird, bietet sich von der Badewanne aus durch ein langes Fensterband ein Panoramablick auf die Allgäuer Bergwelt.

In einem umgebauten alten Bauernhof so viel architektonische Ideen und so viel neues Wohngefühl vorzufinden, kann als große Ausnahme gelten. Die Anpassungen des Grundrisses führten zu einer enorm verbesserten Belichtung und einer höchst spannenden Gestaltung des Raumzusammenhangs. Noch bemerkenswerter ist die Leistung von Bauherren und Architekten angesichts des sehr behutsamen Umgangs mit der Bausubstanz und deren vorsichtiger Sanierung.

Oben: Blick vom Dachgeschoss mit der Küche zum Essplatz.

Linke Seite oben: Der auf dem Zwischengeschoss untergebrachte Essplatz bietet für ein ehemaliges Bauernhaus ungekannte Helligkeit und sagenhafte Ausblicke.

Linke Seite unten: Blick vom Wohnbereich im Galeriegeschoss in den gerade geöffneten Wintergarten.

Linke Seite oben: Die große Dachverglasung, hier mit aufgeschobenem Wintergartendach.

Linke Seite unten: Blick vom »Cabrio-Wintergarten« auf die Oberstdorfer Bergwelt.

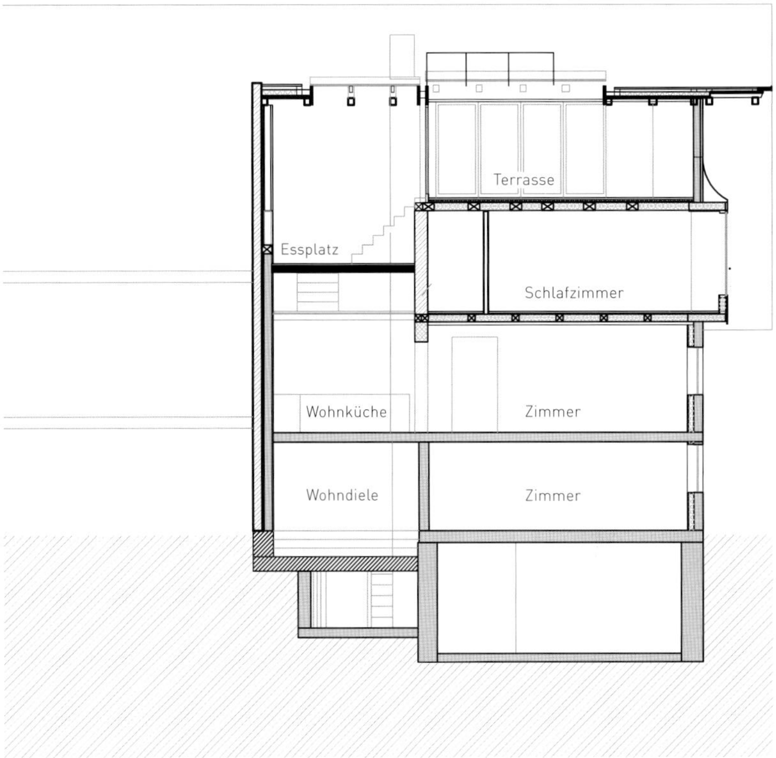

Längsschnitt

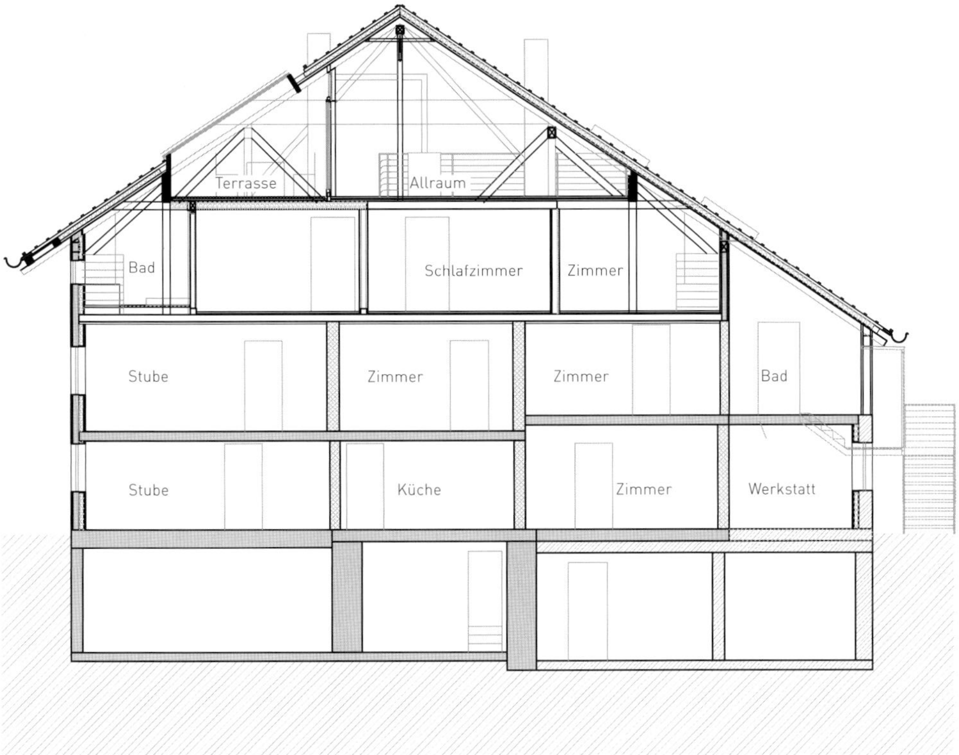

Schnitt

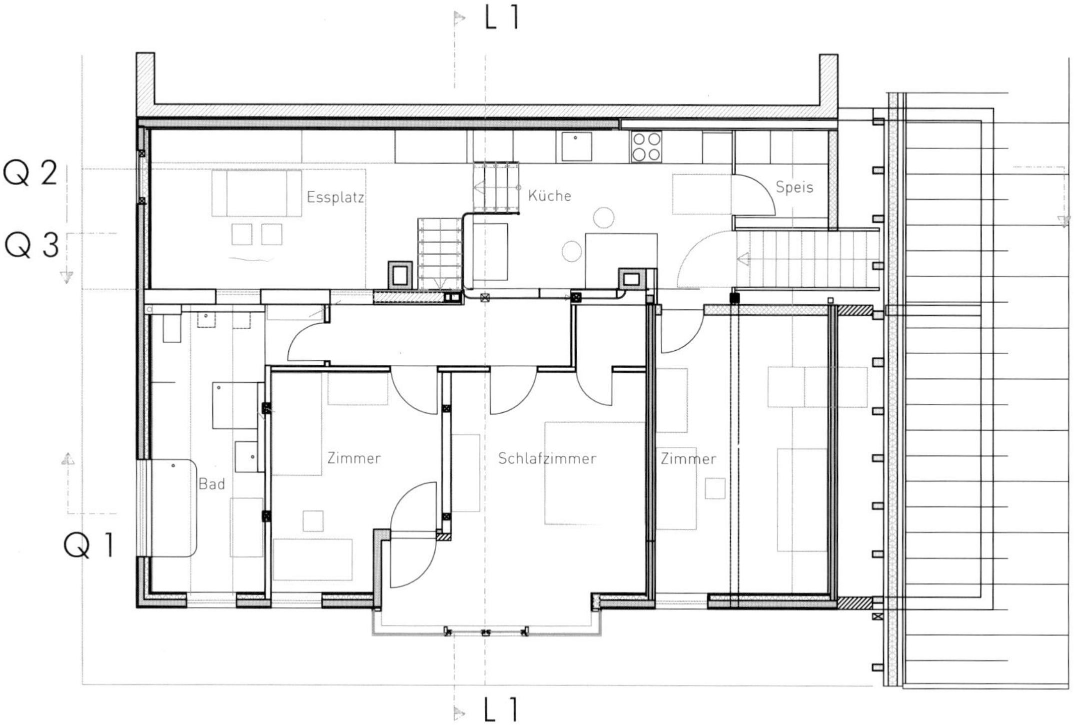

Dachgeschoss

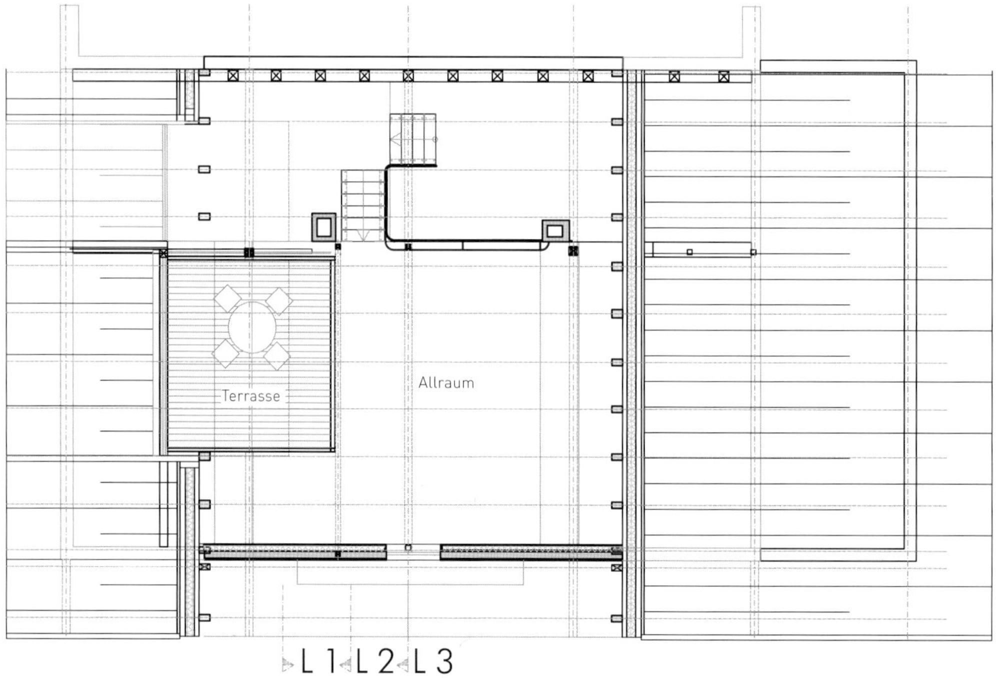

Galeriegeschoss

Rechts: Den Waschplatz im Badezimmer bildet eine umgestaltete alte Wäschekommode mit wunderschönem Jugendstil-Spiegel.

Rechts unten: Perfekter Entspannungsbereich im Galeriegeschoss.

›› Baudaten

Standort: bei Oberstdorf
Bauzeitraum: 2004 (12 Monate)
Grundstücksfläche: ca. 1.500 m²
Wohnfläche: ca. 150 m²
Baukosten gesamt: ca. 200.000 Euro

›› Adresse des Architekten

Noichl und Blüml
Angelika Blüml und Klaus Noichl
Am Dummelsmoos 41
87561 Oberstdorf
Telefon: 08322-966620
E-mail: info@noichl-blueml.de

››› Anhang Nützliche Adressen

Im Folgenden finden sich nützliche Adressen zum Bauen im Alpenraum.
Im Übrigen steht der Autor gerne für Leseranfragen zur Verfügung:
Thomas Drexel, Autor und Architekturfotograf,
Am Fladerlach 9, D-86316 Friedberg,
Tel./Fax 0821-6070874, thomas.drexel@t-online.de

ADRESSEN UND WEBSITES MIT INFORMATIONEN ZU NEUBAU UND RENOVIERUNG, FINANZIERUNG UND FÖRDERMÖGLICHKEITEN

Bundesamt für Wirtschaft und Ausfuhrkontrolle (BAFA)
Förderung/u. a. als Zuschüsse für die Heizungsmodernisierung
Telefon: 06196-90 86 25 (Förderung Pelletheizungen)
oder 06196-90 83 72 (Kraft-Wärme-Kopplung)
www.bafa.de

Bundesarbeitskreis Altbauerneuerung e.V.
Elisabethweg 10
D-13187 Berlin
Telefon 030-48 49 07 855
www.altbauerneuerung.de

Bundesdenkmalamt Österreich
Hofburg, Säulenstiege
A-1010 Wien
Telefon: 0043-(0)1-53 41 50
www.bda.at

Bund Heimat und Umwelt in Deutschland (BHU)
Bundesverband für Natur- und Denkmalschutz,
Landschafts- und Brauchtumspflege e.V.
Adenauerallee 68
D-53113 Bonn
Telefon: 0228-22 40 91/92
www.bhu.de

Deutsche Schutzvereinigung Auslandsimmobilien e.V. (DSA)
Zähringer Straße 373
D-79108 Freiburg
Telefon: 0761-55012
E-mail: info@dsa-ev.de

Deutsche Stiftung Denkmalschutz
Koblenzer Straße 75
D-53177 Bonn
Telefon: 0228-95 73 80
www.denkmalschutz.de

Deutsche und Schweizerische Schutzgemeinschaft
für Auslandsgrundbesitz e.V.
Carl-Benz-Straße 17a
D-79761 Waldshut-Tiengen
Telefon: 07741-21 31
E-mail: Kontakt@schutzgemeinschaft.com

Interessengemeinschaft Bauernhaus e.V. (IGB)
Postfach 1244
Westerweder Straße 48
D-28865 Lilienthal
Telefon: 04792-78 34

Kreditanstalt für Wiederaufbau (KfW)
(vergünstigte Baukredite, u.a. für Wärmedämmung,
Solaranlagen, Pelletheizungen usw.)
Palmengartenstraße 5–9
D-60325 Frankfurt a.M.
Telefon: 069-7 43 10 oder 01801-33 55 77
www.kfw.de

Netzwerk Denkmalschutz
c/o Kundmanngasse 33/7
A-1030 Wien
Telefon: 0043-(0)1-71 55 22 3
www.denkmalschutz.at

Schweizerisches Bundesamt für Energie
Beratung/Förderung im Bereich Energieeinsparung/
ökologisches Bauen
Worblentalstraße 32
CH-3300 Bern
Telefon: (0041)-(0)31-3 22 56 11
www.admin.ch.bfe

Schweizerisches Bundesamt für Kultur
Worblentalstraße 32
CH-3300 Bern
www.kultur-schweiz.admin.ch

UmweltBank Nürnberg
u.a. vergünstigte Finanzierungen für nachhaltiges Bauen
Laufertorgraben 6
D-90489 Nürnberg
Telefon: 0911-5 30 81 05
www.umweltbank.de

www.baufoerderer.de
Beratungsforum für Bauherren (Baufinanzierung, Bauberatung, Baurecht, Baurechner für Fördermöglichkeiten usw.)

www.bauordnung.at
Verzeichnis der Bauordnungen der deutschen Bundesländer, der österreichischen Bundesländer und der Schweizer Kantone

www.baurechtscentrum.de
Vertragsmuster- und Vorlagensammlung, Bauherrentipps, Gesetze und Verordnungen zum (kostenpflichtigen) Downloaden

www.dejure.org
Juristischer Ratgeber, auch zur Baugesetzgebung, mit Gesetzestexten

www.energyagency.at/esf/index.htm
Website mit Link zu Energiesparförderungen und Energieberatung in ganz Österreich, mit Verzeichnis der Ansprechpartner auf Bundes- und Landesebene

www.help.gv.at
Behördenübergreifende Plattform zu Amtswegen in Österreich – in der Rubrik »Bauen« u.a. Informationen zu Baurecht und Bauoordnung, Vorbereitung des Hausbaus, finanziellen Förderungen und Beihilfen

www.lbs.de
Informationen zu Casa Europa, Immobilienfinanzierung in Frankreich und Immobilienangebote

www.meingrundstueck.at
Informationen zu Grundstückserwerb und Bauvorschriften in Österreich

www.oekotest.de
Sehr empfehlenswerte Homepage auch zu den Themen Bauen, Wohnen, Renovieren sowie zu Förder- und Zuschussmöglichkeiten (www.fdb.oekotest.de).
Aktuelle Testberichte über Baumaterialien und Produkte am Bau und im Wohnbereich finden sich darüber hinaus im Öko-Test-Magazin sowie in regelmäßig erscheinenden Öko-Test-Sonderheften

www.rechtsfreund.at
Juristischer Ratgeber für Österreich, auch zur Baugesetzgebung, mit Gesetzestexten und Linkverzeichnis

LITERATURVERZEICHNIS

Werner Bätzing, Die Alpen - Geschichte und Zukunft einer europäischen Kulturlandschaft, München 2003

Werner Bätzing, Bildatlas Alpen, Eine Kulturlandschaft im Porträt, Darmstadt 2005

Werner Blaser, Das Bauernhaus der Schweiz, Basel/ Stuttgart 1983

Baugesetzbuch mit Wertermittlungsverordnung und -richtlinien, Baunutzungsverordnung, Planzeichen verordnung, Raumordnungsgesetz und Raumordnungsverordnung, Textausgabe, 23. Auflage, München 2004

Christian von Campi, Bauen in der Schweiz, Ein Handbuch fur Architekten und Ingenieure, Zürich 2005

Alessandro Colombo u.a., Almen - Alpen - Bergdörfer, Bäuerliches Leben und Bauen in den Alpen, Innsbruck/ Wien 1998

Thomas Drexel, Bauernhäuser renovieren, umbauen, erweitern, München 2003

Thomas Drexel, Low Budget, Wohnhäuser unter 200.000 Euro, München 2005

Thomas Drexel, Die neuen Öko-Häuser, Kostengünstig und zeitgemäß, München 2004

Thomas Drexel, Renovieren, Wohnungen, Häuser, Lofts umbauen und zeitgemäß gestalten, München 2005

Thomas Drexel, Umbauen Erweitern Renovieren, München 2002

Torsten Gebhard, Der Bauernhof in Bayern, München 1975

Diego Giovanoli, Alpschermen und Maiensässe in Graubünden, Bäuerliche Bauten, Betriebsstufen und Siedlungsstrukturen außerhalb der Dörfer Graubündens von der frühen Neuzeit bis 1960, 2. Auflage, Bern 2004

Sylvia Hamberger u.a., Schöne neue Alpen, Eine Ortsbesichtigung, München 1998

Günter Klatt, Der Bebauungsplan in der kommunalen Praxis, Grundlagen - Verfahren - Wirkungen, Berlin 2002

Christoph Simonett, Die Bauernhäuser des Kantons Graubünden, 2 Bände, Basel 1965/1968

Kristian Sotrifter, Alte Bauformen in den Alpen, Wien 1983

Andreas Voigt und Hans P. Walchhofer, Planungstheorie - Bebauungsplanung - Projektsteuerung, Wien 2000 (Abhandlung zum österreichischen Fall)

Paul Werner, Der Bergbauernhof, München 1979

Richard Weiss, Häuser und Landschaften der Schweiz, Zürich 1959

Gaston Wicky, Neues Wohnen in der Schweiz, München 2003

Franziska Wüthrich, Lebenswelt Alpen - sehen, kennen, verstehen, Aarau 2001

BILDNACHWEIS

Fotografien: Die Fotografien stammen von Thomas Drexel, mit Ausnahme der Seiten 32–37, Archiv Österreichisches Bundesdenkmalamt/Landeskonservatorat für Vorarlberg.
Planunterlagen: Die Pläne stammen von den jeweils genannten Architekten, mit folgenden Ausnahmen: S. 32–37 Österreichisches Bundesdenkmalamt/Landeskonservatorat für Vorarlberg; S. 100–107 Gerhard Maier/Österreichisches Bundesdenkmalamt.

DANK

Der herzliche Dank des Autors gilt allen Eigentümern und Architekten der im Buch vorgestellten Häuser, deren Mitarbeitsbereitschaft und teils auch ganz praktische Gastfreundschaft das Entstehen des Buches erst möglich gemacht haben. Mag. Barbara Keiler und Dr. Gerlinde Lerch vom Österreichischen Bundesdenkmalamt/Landeskonservatorat für Vorarlberg bzw. Landeskonservatorat für Salzburg gaben wertvolle Hinweise, stellten eigenes Foto- und Planmaterial zur Verfügung und sahen Textentwürfe durch.
Susanne Ebersberger, die für das wiederum wunderbare Layout verantwortlich zeichnet, und Programmleiter Roland Thomas sorgten zusammen mit dem Autor für das Gelingen des Projekts.

IMPRESSUM

Bibliografische Information Der Deutschen Bibliothek
Die Deutsche Bibliothek verzeichnet diese Publikation in der Deutschen Nationalbibliografie; detaillierte bibliografische Daten sind im Internet über http://dnb.ddb.de abrufbar.

Diese Ausgabe wurde auf chlor- und säurefrei gebleichtem, alterungsbeständigem Papier gedruckt.

1. Auflage

Satz und Layout: Susanne Ebersberger, DVA
Gesetzt aus der Lucida Bright
Lithographie: Repro Ludwig, Zell am See
Druck und Bindung: Printer Trento, Trento
Printed in Italy
ISBN 10: 3-421-03524-5
ISBN 13: 978-3-421-03524-0

www.dva.de